# Impressum

Dieses Buch stellt einen Zusatz zu unserer Matrix of Destiny-Reihe dar. Welche neuen Räume in deinem Bewusstsein könnten deine Realität transformieren?

Erste Edition, published in 2024.

**Verlag:** BoD • Books on Demand GmbH, In de Tarpen 42, 22848 Norderstedt
**Druck:** Libri Plureos GmbH, Friedensallee 273, 22763 Hamburg

**Lektorat:** Sandra Wallrafen
**Mudrabilder:** Sandra Wallrafen

**Umschlag & Layout:** Tobias Wolf & Tatjana van Eeden
**Copyright:** 2024 Tobias Wolf & Tatjana van Eeden

Dieses Werk ist lizenziert unter einer Creative Commons "Namensnennung – Nicht-kommerziell – Weitergabe unter gleichen Bedingungen 3.0 Deutschland" Lizenz.

**Homepage:** https://changeyourmatrix.com

ISBN: 978-3-7597-9585-4

"Enthülle das Geheimnis der Elemente"
"Wo Wissenschaft und Mystik verschmelzen"
"Verwandle das Gewöhnliche in das Außergewöhnliche"

# „REFLEXIONS- UND PRAXISBUCH"

Die 22 Schlüssel zum Gleichgewicht
Mudra - Meditationen und Weisheiten aus der Matrix of Fate

Entdecke die Kraft der Mudra - Meditation und der tiefen Weisheiten der 22 Archetypen!
Dieses Arbeitsbuch ist dein Begleiter auf dem Weg zu mehr Balance und innerer Ruhe.
Lass uns gemeinsam die 22 Schlüssel zum Gleichgewicht erkunden!

# Inhaltsverzeichnis

# Einführung

Willkommen zu deinem persönlichen **„Reflexions- und Praxisbuch"**, das speziell entwickelt wurde, um dir einen tiefen Zugang zur Matrix of Destiny und den Archetypen des Tarot zu eröffnen. Dieses Buch dient nicht nur als Informationsquelle, sondern auch als praktisches Werkzeug für deine spirituelle Entwicklung und Selbstentfaltung.

Die Matrix of Destiny bietet dir faszinierende Einsichten in deine Lebensaufgaben, karmischen Lektionen und verborgenen Potenziale. Auf den Prinzipien der Numerologie und des Tarot basierend, hilft dir dieses Buch, die komplexen Zusammenhänge besser zu verstehen und in dein eigenes Leben zu integrieren.

Dieses Buch spricht sowohl erfahrene Tarotkartenleger als auch spirituell Interessierte an, die ihre Kenntnisse und Fähigkeiten erweitern möchten. Durch die Verknüpfung von Tarot-Archetypen mit den Prinzipien der Matrix of Destiny erhältst du einen einzigartigen Zugang zu den Energien, die dein Leben beeinflussen.

Es ist mehr als nur Theorie – es lädt dich aktiv dazu ein, mit den Inhalten zu arbeiten. Praktische Übungen, gezielte Meditationen und Reflexionen unterstützen dich dabei, die Weisheit der Archetypen und die Energien der Matrix in deinen Alltag zu integrieren. Zusätzlich bietet es dir Raum, deine Gedanken, Erfahrungen und Erkenntnisse festzuhalten, was es zu einem wertvollen Begleiter auf deiner spirituellen Reise macht.

Die in diesem Buch vorgestellten Mudras sind speziell dafür designt, energetische Ungleichgewichte der Archetypen auszugleichen. Jeder Archetyp hat seine eigene, einzigartige Energie, die sowohl positiv als auch negativ manifestiert werden kann. Die gezielte Anwendung der entsprechenden Mudras hilft dir, Harmonie wiederherzustellen und die Energie eines Archetyps in ihrer reinen Form zu entfalten.

Ob zur täglichen Reflexion, als Begleiter in der Arbeit mit Tarot oder als ergänzendes Werkzeug zur Matrix of Destiny – dieses Arbeits- und Tagebuch bietet dir wertvolle Einsichten und praktische Anwendungen, um deine spirituelle Praxis auf ein neues Level zu heben.

Tatjana van Eeden

Tobias Wolf

## Danksagung

Ein riesiges Dankeschön geht an Sandra, die mit so viel Herzblut und Kreativität an diesem Buch mitgewirkt hat. Ihre wunderbaren Mudra-Bilder haben den Archetypen Leben eingehaucht und das Ganze auf eine ganz neue Ebene gehoben. Sandra, du warst nicht nur unsere Korrekturfee, sondern hast auch deine eigenen Ideen mit eingebracht, die das Buch so besonders machen.

Deine Ruhe und Gelassenheit waren einfach ansteckend, und trotz der vielen Stunden, die wir zusammen investiert haben, warst du immer eine echte Stütze. Danke, dass du diesen Weg mit uns gegangen bist und deine einzigartige Energie in dieses Projekt gesteckt hast. Wir hätten es ohne dich nicht geschafft!

# Erklärung

Nachfolgend findest du die Erklärung zu den einzelnen Begriffen, die im Zusammenhang mit den Mudras der Archetypen stehen. Diese Begriffe und ihre Bedeutungen sind entscheidend, um die tieferen Ebenen des Buches zu verstehen und die Energien der Archetypen in ihrer Gesamtheit zu erfassen. Jeder Begriff wurde sorgfältig ausgewählt, um dir ein umfassendes Verständnis der Mudras u

Diese Begriffe sind Schlüssel, die dir helfen, die komplexen Zusammenhänge zwischen Körper, Geist und Seele zu entschlüsseln und die Weisheiten der Matrix of Fate zu vertiefen.

Nimm dir Zeit für die Ausführung der Mudras und die begleitenden Meditationen. Diese Praxis ermöglicht es dir, eine tiefere Verbindung zu den Archetypen aufzubauen und ihre Energien bewusst in dein Leben zu integrieren. Wenn du dich in einer niedrigen Schwingung befindest, können die Mudras dir helfen, deine Energie anzuheben und dich wieder in Balance zu bringen.

Lass jede Bewegung, jede Geste, und jede Meditation zu einem bewussten Ritual werden, das dir hilft, die tieferen Schichten deiner selbst zu erforschen und dein volles Potenzial zu entfalten. In dieser Ruhe und Hingabe findest du den Schlüssel, um die Kraft der Archetypen vollständig zu erschließen und sie zu einem lebendigen Teil deines Alltags zu machen.

Viel Freude beim Entdecken und Erleben dieser kraftvollen Symbole und ihrer Bedeutungen!

## ☯ Elemente:

Erde, Wasser, Luft, Feuer, Äther – was bedeuten diese für dich? Stell dir vor, jedes dieser Elemente ist eine Facette von dir. Erde symbolisiert deine Stabilität, wie du mit der physischen Welt verbunden bist. Wasser ist deine emotionale Landschaft – wie du fühlst, wie du fließt. Luft steht für deinen Intellekt, deine Gedanken, und Feuer für deine Energie, deine Begeisterung, das, was dich antreibt. Äther hingegen ist der Raum, in dem all diese Elemente existieren, die Stille und das Bewusstsein, das sie verbindet. Was wäre, wenn diese Elemente in dir perfekt balanciert wären? Wo könntest du mehr Raum und Balance schaffen?

## ☯ Tierkreiszeichen:

Was, wenn jedes Tierkreiszeichen eine Energie repräsentiert, die du in dir trägst? Dein Sternzeichen ist mehr als nur dein Geburtsdatum – es zeigt dir, welche Qualitäten du mitbringst. Die Verbindung zwischen einem Arkana und einem Tierkreiszeichen hilft dir zu verstehen, wie du mit den Energien der Sterne in Einklang stehst. Was, wenn du die Weisheit deines Sternzeichens nutzt, um bewusster zu leben?

## ☯ Planet (Alchemie):

In der Alchemie stehen Planeten für bestimmte archetypische Kräfte. Der Planet, der einem Arkana zugeordnet ist, zeigt dir, welche tieferen, universellen Energien dich beeinflussen. Was wäre, wenn du die Kraft deines Planeten bewusst aktivierst? Der Planet könnte dir Aufschluss darüber geben, welche kosmischen Kräfte gerade in deinem Leben am Werk sind.

## ☯ Pflanze:

Pflanzen haben eine besondere Energie – sie wachsen, sie heilen. Was, wenn die Pflanze, die mit deinem Arkana verbunden ist, dir zeigt, wie du wachsen oder heilen kannst? Welche Eigenschaften dieser Pflanze spiegeln sich in dir wider? Fühlst du dich vielleicht bereit, wie diese Pflanze zu wachsen oder dich zu erneuern?

### ☯ Tier:

Tiere symbolisieren bestimmte Kräfte. Denk an das Tier, das deinem Arkana zugeordnet ist: Welche Eigenschaften dieses Tieres erkennst du in dir? Vielleicht ist es Stärke, vielleicht Anpassungsfähigkeit. Was, wenn du dich fragst: „Wie kann ich mehr von diesen Qualitäten in mein Leben bringen?" Dein inneres Tier kann dir zeigen, wo du deine Kraft findest.

### ☯ Bachblüte:

Bachblüten sind dafür bekannt, emotionale Verwässerungen zu lösen. Welche Bachblüte repräsentiert deinen Archetypen? Was, wenn diese Blüte dir hilft, bestimmte emotionale Zustände zu transformieren? Stell dir vor, du könntest die Energie dieser Blüte in dich aufnehmen und damit einen sanften Weg der Wiedergenesung beginnen.

### ☯ Karmischer Bezug:

Jede Energie, die durch einen Archetyp fließt, trägt karmische Lektionen. Das bedeutet, sie zeigt dir die spirituellen Herausforderungen und Chancen in deinem Leben. Frag dich: „Welche Lektionen möchte diese Energie mich lehren?" Dein karmischer Bezug kann dir helfen, zu verstehen, welche Muster du durchbrechen möchtest und welche Potenziale du entfalten kannst.

### ☯ Künftige Entwicklung:

Wo wird diese Reise dich hinführen? Was, wenn du die Energie deines Archetypen nutzt, um dein volles Potenzial zu entfalten? Deine zukünftige Entwicklung liegt in deinen Händen. Die Energie des Archetypen zeigt dir die Richtung – was wählst du? Was wäre, wenn du dich darauf einlässt, dein zukünftiges Selbst aktiv zu gestalten?

### ☯ Ich-Bewusstsein:

Hier geht es darum, wie du dich selbst siehst. Wie nimmst du dich in der Welt wahr? Es ist die Art und Weise, wie du die Energie, die du in dir trägst, erkennst. Es geht nicht darum, richtig oder falsch zu sein, sondern sich wirklich anzuschauen: „Wie erlebe ich mich selbst?" Und was, wenn du mehr bist, als du bisher gedacht hast? Das Ich-Bewusstsein ist eine Einladung, deine einzigartige Energie anzuerkennen und sie zu nutzen.

### ☯ Äußere Haltung:

Wie zeigen sich deine Energien in der Außenwelt? Was, wenn die Art und Weise, wie du dich zeigst, nicht nur davon bestimmt wird, was andere denken? Was wäre, wenn es einfach darum ginge, du selbst zu sein – ohne Urteil, ohne Filter? Deine äußere Haltung ist der Ausdruck dessen, was du innerlich trägst, und oft reagieren andere Menschen genau darauf. Nutze das als Chance, dich bewusst zu zeigen, so wie du bist.

### ☯ Innere Haltung:

Wie sieht deine innere Welt aus? Welche Gedanken und Emotionen trägst du mit dir? Die innere Haltung ist der Raum, wo du dich selbst triffst, wo du deinen inneren Dialog führst. Frag dich: „Wie gehe ich mit meiner eigenen Energie um? Behandle ich mich selbst mit Freundlichkeit, oder fordere ich ständige Perfektion von mir?" Was wäre, wenn du deine innere Haltung so veränderst, dass sie mehr Leichtigkeit und Freude bringt?

### ☯ Unbekanntes Selbst:

Was ist dir an dir selbst noch nicht bewusst? Hier geht es darum, den Teil deiner Energie zu entdecken, der noch im Verborgenen liegt. Wir alle haben Seiten in uns, die wir vielleicht ignorieren oder nicht anerkennen. Was wäre, wenn genau dort dein größtes Potenzial liegt? Was, wenn du bereit wärst, dein unbekanntes Selbst mit Neugier und Offenheit zu entdecken?

### ☯ Denken:

Wie denkst du? Welche Gedankenmuster sind in dir fest verankert, die durch die Energie deiner Matrix beeinflusst werden? Denkst du in Möglichkeiten oder in Begrenzungen? Die Matrix hilft dir zu verstehen, welche Gedanken dich antreiben und welche dich zurückhalten. Was wäre, wenn du deine Denkmuster als Werkzeug nutzen könntest, um neue Realitäten zu kreieren?

### ☯ Fühlen:

Was fühlst du, wenn du dich mit deiner Energie verbindest? Unsere Gefühle sind oft wie Wegweiser – sie zeigen uns, wo wir noch nicht ganz mit uns im Reinen sind, oder wo wir uns wirklich lebendig fühlen. Was wäre, wenn deine Gefühle dir mehr Leichtigkeit bringen könnten? Hier ist die Einladung: Erkenne, was du fühlst, ohne es zu bewerten. Gefühle sind nichts Falsches, sie zeigen dir nur, was gerade da ist.

### ☯ Angstauslösend:

Welche Ängste tauchen in dir auf? Oft zeigt uns die Matrix, wo unsere tiefsten Unsicherheiten liegen. Doch was wäre, wenn Angst nicht dein Feind, sondern dein Freund wäre? Angst zeigt dir, wo du noch nicht voll in deiner Kraft stehst. Sie ist eine Einladung zur Veränderung. „Was wäre, wenn ich bereit wäre, meine Ängste zu sehen und anzuerkennen?"

### ☯ Partnerschaft:

Wie wirken sich deine Energien auf deine Beziehungen aus? Deine Matrix zeigt dir, wie du in der Interaktion mit anderen bist. Was, wenn du deine Partnerschaften als Spielwiese für Wachstum und Entwicklung siehst? Es geht nicht darum, perfekt zu sein, sondern darum, authentisch zu sein und den Raum zu schaffen, in dem wahre Verbindung stattfinden kann. Wie wäre es, eine einbeziehende Beziehung zu leben?

### ☯ Liebe:

Was, wenn die Art, wie du Liebe erlebst, von den Archetypen in deiner Matrix beeinflusst wird? Jeder Archetyp bringt eine besondere Energie in deine Liebesbeziehungen. Wie gehst du mit dieser Energie um? Kannst du sehen, wie sie deine Art zu lieben, zu geben und zu empfangen beeinflusst? Und was, wenn du dir die Frage stellst: „Was kann ich tun, um die Liebe in meinem Leben noch bewusster zu gestalten?"

### ☯ Einstellung zur Umwelt:

Hast du je darüber nachgedacht, wie deine Energie sich auf deine Umwelt auswirkt? Deine Matrix zeigt dir, wie du mit der Welt um dich herum interagierst. Wie nimmst du deine Umgebung wahr und wie beeinflusst sie dich? Deine Sichtweise ist oft ein Spiegel deines inneren Zustands. Was wäre, wenn du einen neuen Blick auf deine Umwelt werfen könntest? Könnte das deine Lebensqualität verändern?

### ☯ Umwelteinflüsse:

Denk mal darüber nach – welche äußeren Einflüsse wirken auf dich ein? Und wie reagierst du darauf? Deine Matrix beleuchtet, welche Faktoren dich von außen beeinflussen und wie sie dich in deinem Handeln und Denken prägen. Was wäre, wenn du mehr Kontrolle darüber hättest, wie diese Einflüsse dein Leben formen?

### ☯ Verträge:

Verträge und Vereinbarungen sind in unserem Leben allgegenwärtig – sei es beruflich oder persönlich. Die Energie des Archetypen kann dir Hinweise darauf geben, wie du mit diesen Verpflichtungen umgehst. Frag dich: „Bin ich in meinen Abmachungen authentisch und klar?" Was, wenn du deine Verpflichtungen als Möglichkeiten siehst, deine Energie zu lenken und bewusster zu gestalten?

### ☯ Traum:

Welche Träume und Wünsche trägst du in dir? Deine Matrix kann dir zeigen, welche Energien dich dabei unterstützen, diese Träume zu verwirklichen. Stell dir vor, du könntest den Raum öffnen, in dem all deine Wünsche und Träume real werden. Was wäre, wenn du dich fragst: „Welcher meiner Archetypen unterstützt mich dabei, meinen größten Traum zu leben?"

### ☯ Vergangene Einflüsse:

Wir alle sind geprägt von unserer Vergangenheit. Aber was wäre, wenn du verstehen könntest, wie diese vergangenen Einflüsse dein heutiges Leben formen? Deine Matrix hilft dir, zu erkennen, welche Lektionen und Erlebnisse noch aktiv in deinem Leben sind. Frage dich: „Was kann ich aus meiner Vergangenheit lernen, um jetzt bewusster zu leben?"

### ☯ Prägungen:

In dir wirken tiefe Prägungen, alte Muster und Glaubenssätze. Was, wenn du durch die Matrix erkennen könntest, welche dieser inneren Programme dich stoppen oder dich voranbringen? Frag dich: „Welche Muster darf ich loslassen und welche darf ich stärken?" Wie würde sich dein Leben ändern, wenn du deine Prägungen bewusst erkennst?

### ☯ Gesundheit:

Deine körperliche Gesundheit wird stark von deiner energetischen Matrix beeinflusst. Was, wenn du durch die Energie der Archetypen Hinweise auf dein körperliches Wohlbefinden erhalten könntest? Deine Matrix kann dir zeigen, wo ein zu viel oder zu wenig an Energie in deinem Körper entsteht und wie du diese ausgleichen kannst. Stell dir vor, du könntest dich durch die Energie deiner Matrix zu neuer Gesundheit und Vitalität führen lassen.

### ☯ Mittel zur Wiedergenesung:

Die Energie der Arkana bieten dir nicht nur Einsichten, sondern auch Werkzeuge zur Veränderung  dieser Energien. Was wäre, wenn du wüsstest, welche Maßnahmen dir beitragen könnten, deine Balance wiederzufinden? Jeder Archetyp kann dir zeigen, welches spezifische Mittel zur Wiedergenesung für dich hilfreich ist. Frage dich: „Welche Maßnahmen und Substanzen unterstützen mich dabei?" Es geht darum, deine innere Balance wiederherzustellen – ganz gleich, ob es sich um körperliche oder seelische Aspekte handelt.

### ☯ Finanzen:

Hast du dir schon einmal überlegt, dass auch deine finanzielle Situation von den Archetypen beeinflusst wird? Jeder Archetyp bringt eine bestimmte Energie mit, die deine Finanzen direkt beeinflussen kann. Was, wenn du erkennst, welche Energie dir in finanziellen Angelegenheiten beiträgt? Frage dich: „Welche Herausforderungen und Chancen zeigen sich in meiner finanziellen Situation?" Lerne, wie du mit diesen Energien spielst, um Fülle und Wohlstand zu kreieren.

### ☯ Bejahungen:

Positive Bejahungen sind kraftvolle Werkzeuge, um dein Unterbewusstsein umzuprogrammieren. Wie oft hast du schon mit negativen Gedanken gekämpft? Was wäre, wenn du eine kraftvolle Bejahung hättest, die genau zu der Energie passt, die du gerade brauchst? Jedes Archetyp hat seine eigene Bejahung, die dir hilft, alte Denkmuster zu durchbrechen. Frage dich: „Wie kann ich mein Selbstbewusstsein durch positive Bejahungen stärken?" Setze diese Bejahungen bewusst ein, um deinen Geist auf das Positive auszurichten.

## ☯ Edelstein:

Die Schwingung von Edelsteinen kann dich dabei unterstützen, bestimmte Energien zu aktivieren. Jeder Edelstein trägt eine eigene Schwingung, die in Resonanz mit dem Archetyp steht, den du gerade in deinem Leben verkörperst. Welche Edelsteine sprechen dich an? „Wie kann ich die Kraft des Edelsteins nutzen, um meine Energie zu harmonisieren?" Wähle deinen Stein weise, um ihn als Verstärker deiner inneren Kraft zu nutzen.

## ☯ Ätherische Öle:

Ätherische Öle sind nicht nur duftende Begleiter, sondern kraftvolle Werkzeuge, um Energien zu transformieren. Sie unterstützen dich auf emotionaler, geistiger und körperlicher Ebene. Jedes Öl hat eine eigene Schwingung und verbindet sich mit einem spezifischen Archetyp. Frage dich: „Welches ätherische Öl unterstützt mich gerade dabei, meine Energie zu klären und zu stärken?" Nutze das Öl, um die Botschaft des Archetyps noch intensiver in deinem Leben zu integrieren.

## ☯ Mudra:

Mudras sind Handgesten, die dich mit der Energie des Archetyps verbinden. Wusstest du, dass deine Hände Kanäle für Energien sind? Eine Mudra lenkt die Energie in die richtige Richtung und verstärkt die Qualitäten des jeweiligen Archetyps. Frage dich: „Welche Mudra kann ich nutzen, um die Energie des Archetyps zu verstärken?" Praktiziere diese Mudras regelmäßig, um die Energien tiefer in deinem Bewusstsein zu verankern und in deinen Alltag zu integrieren.

Diese Aspekte helfen dir, dein volles Potenzial zu entdecken und zu nutzen. Du hast die Macht, diese Werkzeuge gezielt einzusetzen, um deine Realität zu formen. Nutze sie weise, und erinnere dich daran: Du bist der Schöpfer deines Lebens.

# Die drei Doshas:
# Grundprinzipien der ayurvedischen Konstitutionslehre

Die Doshas sind ein essenzielles Element der ayurvedischen Medizin! Sie beschreiben die drei grundlegenden Lebensenergien, die jeden von uns prägen: Vata, Pitta und Kapha. Jede Dosha hat ihre eigene Aufgabe und beeinflusst sowohl körperliche als auch geistige Funktionen. Darüber hinaus stehen sie für verschiedene natürliche Elemente.

## ☯ Vata:

**Elemente:** Luft und Raum (Äther)
**Prinzip:** Bewegung und Veränderung
**Eigenschaften:** kalt, trocken, leicht, beweglich
**Reguliert:** Nervensystem, Atmung, Bewegung
**Im Gleichgewicht:** kreativ, flexibel, enthusiastisch
**Im Ungleichgewicht:** ängstlich, nervös, Schlafprobleme

## ☯ Pitta:

**Elemente:** Feuer und etwas Wasser
**Prinzip:** Transformation und Stoffwechsel
**Eigenschaften:** heiß, scharf, leicht ölig
**Reguliert:** Verdauung, Stoffwechsel, Körpertemperatur
**Im Gleichgewicht:** intelligent, fokussiert, gute Verdauung
**Im Ungleichgewicht:** reizbar, Entzündungen, Verdauungsprobleme

☯ **Kapha:**

**Elemente:** Erde und Wasser
**Prinzip:** Struktur und Stabilität
**Eigenschaften:** schwer, kalt, ölig, stabil
**Reguliert:** Körperstruktur, Immunsystem, emotionale Stabilität
**Im Gleichgewicht:** ruhig, geduldig, stark
**Im Ungleichgewicht:** träge, übergewichtig, Stauungen

Jeder Mensch hat eine einzigartige Mischung dieser drei Doshas, die seine persönliche Konstitution (Prakriti) bestimmt. Im Ayurveda streben wir danach, das individuelle Gleichgewicht der Doshas zu erhalten oder wiederherzustellen, um Gesundheit und Wohlbefinden zu fördern.

In diesem Buch findest du regelmäßig Informationen über die Doshas! Am Ende des Buches gibt es einen Link, über den du einen kostenlosen Test machen kannst, um deinen Dosha-Typ zu bestimmen. Viel Spaß beim Entdecken!

# Gehirnwellen in Meditation und Mudra-Praxis: Von Delta bis Gamma

Unser Gehirn ist ständig aktiv und erzeugt elektrische Signale, die wir als Gehirnwellen messen können! Diese Wellen zeigen verschiedene Bewusstseinszustände und sind besonders wichtig für Meditation und spirituelle Praktiken.
Es gibt verschiedene Arten von Gehirnwellen – von den langsamen, tiefen Delta-Wellen bis zu den schnellen Gamma-Wellen. Jede dieser Wellen hat einen einzigartigen Einfluss auf unsere Wahrnehmung, Konzentration und innere Erlebnisse!
Durch Meditation und den gezielten Einsatz von Mudras können wir lernen, diese Gehirnwellen ganz bewusst zu steuern. So können wir tiefere Entspannungszustände, mehr Kreativität und wertvolle spirituelle Einsichten erreichen!

☯ **Delta-Wellen (0,5-4 Hz):**

Treten hauptsächlich im Tiefschlaf auf
Wichtig für Regeneration und für die Stärkung des Immunsystems
Der bewusste Verstand ist ausgeschaltet, und das Unterbewusstsein dominiert.
In der Meditation selten erreicht, außer in sehr tiefen Zuständen

☯ **Theta-Wellen (4-8 Hz):**

Verbunden mit Entspannung, Kreativität, lebhafte Erinnerungen und Zugang zum Unterbewusstsein
Entstehen im Schlaf, Trance oder tiefer Meditation oder beim Einsatz bestimmter Mudras
Fördern die Intuition, Lernfähigkeit und emotionale Verbindungen
Träume und Fantasien werden typischerweise mit Theta-Wellen assoziiert

☯ **Alpha-Wellen (8-13 Hz):**

Zustand entspannter Aufmerksamkeit oder Halbschlaf
Stellen eine Brücke zwischen der inneren (Theta) und äußeren (Beta) Welt dar
Häufig bei leichter Meditation und Anwendung von Mudras wie Dhyana Mudra
Fördern innere Ruhe, wohlige Entspannung, die Lernfähigkeit und den Fokus zu halten
Hypnose basiert oft auf Alpha-Wellen

☯ **Beta-Wellen (13-30 Hz):**

Normaler Wachzustand
Konzentration auf die Außenwelt und logisches Denken
In der Meditation oft reduziert, um tiefere Zustände zu erreichen

☯ **Gamma-Wellen (über 30 Hz):**

Verbunden mit höheren kognitiven Funktionen und Bewusstseinszuständen
Spannung und manchmal Stress
Extreme Konzentration und geistige sowie körperliche Höchstleistungen.
Können in fortgeschrittenen Meditationspraktiken auftreten


Manche spirituelle Traditionen sprechen sogar von einem „Super-Gamma"-Zustand, der als extrem hohe Frequenz (über 100 Hz) beschrieben wird, und mit tiefen mystischen Erfahrungen und Bewusstseinsveränderungen in Verbindung steht.

**Mudras können helfen, bestimmte Gehirnwellenzustände zu induzieren oder zu verstärken:**

- Dhyana Mudra fördert Alpha-Wellen und innere Ruhe

- Gyan/Jnana Mudra kann Theta- und Alpha-Wellen unterstützen

- Komplexere Praktiken wie Vajroli Mudra können tiefere Zustände (Theta/Delta) fördern

Die Kombination von Meditation und Mudras zielt oft darauf ab, einen Zustand zwischen Alpha und Theta zu erreichen, der Entspannung mit erhöhter Aufmerksamkeit verbindet. Dies fördert Klarheit, Intuition und tiefere Einsichten.

In der Matrix of Fate und bei der Durchführung von Readings können wir wertvolle Erkenntnisse aus den verschiedenen Gehirnwellenzuständen nutzen! Indem wir gezielt in Zustände wie Alpha oder Theta eintauchen, verbessern wir unsere Intuition und erhalten leichter Zugang zu den Informationen der Matrix. Dies führt zu einer deutlich höheren Qualität und Tiefe unserer Readings.

Außerdem können wir unseren Klienten helfen, selbst in diese unterstützenden Bewusstseinszustände zu gelangen. Das erhöht ihre Offenheit und Empfänglichkeit für die Botschaften der Matrix! So wird das Wissen über Gehirnwellen zu einem mächtigen Werkzeug, um die transformative Kraft der Matrix of Fate voll auszuschöpfen und tiefere, präzisere Einsichten zu gewinnen!

# „Der Magus der Macht"

Das Mudra symbolisiert Schutz, Frieden und die Vertreibung von Angst.

# I - Der Magier

- **Element:** Luft
- **Tierkreiszeichen:** Merkur (Zwillinge/Jungfrau)
- **Planet (Alchemie):** Merkur
- **Pflanze:** Anis
- **Tier:** Fuchs
- **Bachblüte:** Cerato
- **Karmischer Bezug:** Bewusstsein und Schöpfung
- **Künftige Entwicklung:** Manifestation von Zielen
- **Ich-Bewusstsein:** Kreativität
- **Äußere Haltung:** Selbstbewusstsein
- **Innere Haltung:** Klarheit und Konzentration
- **Unbekanntes Selbst:** Verborgene Fähigkeiten
- **Denken:** Rational und analytisch
- **Fühlen:** Begeisterung
- **Angstauslösend:** Versagen
- **Partnerschaft:** Kommunikation
- **Liebe:** Intellektuelle Anziehung

# I - Der Magier

- **Einstellung zur Umwelt:** Kontrolliert & bewusst

- **Umwelteinflüsse:** Informationen und Wissen

- **Verträge:** Klarheit und Details

- **Traum:** Magische Kräfte

- **Vergangene Einflüsse:** Lernen und Bildung

- **Prägungen:** Intellektuelle Herausforderungen

- **Gesundheit:** Atmungssystem

- **Mittel zur Wiedergenesung:** Bachblüte Cerato, Anistee

- **Finanzen:** Kluges Management

- **Bejahung:** "Ich nutze meine inneren Kräfte und manifestiere meine Ziele mit Klarheit und Vertrauen."

- **Edelstein:** Bergkristall - verstärkt Energie und Klarheit.

- **Ätherisches Öl:**
  **Einzelmittel:** Sandelholz
  **Mischung:** Envision

- **Mudra:** Abhaya Mudra. Dieses Mudra symbolisiert Schutz, Frieden und das Vertreiben von Angst.

- **Anleitung:** Hebe deine rechte Hand auf Schulterhöhe, die Handfläche zeigt nach außen, die Finger sind zusammen und zeigen nach oben.

# Abhaya Mudra: Die Geste der Furchtlosigkeit und des Schutzes

**Ausführung:**
Die rechte Hand wird auf Schulterhöhe angehoben, die Handfläche zeigt nach vorne zum Betrachter, die Finger sind gestreckt und zeigen nach oben.

**Symbolik:**
Steht für Schutz, Frieden, Furchtlosigkeit und Sicherheit
Signalisiert "Fürchte dich nicht" oder "Hab keine Angst"
Zeigt Freundschaft und friedliche Absichten

**Bedeutung:**
Gilt als Schutzgeste
Soll Ängste und Phobien beenden
Vermittelt Segen und innere Stärke

**Anwendung:**
Wird oft in Kombination mit anderen Mudras wie Varada Mudra verwendet
Häufig bei Buddha-Statuen und anderen Gottheiten zu sehen
Kann in Meditation und Yoga-Praxis eingesetzt werden

**Praxis:**
Sollte mit der rechten Hand ausgeführt werden
Kann 20-30 Minuten täglich praktiziert werden, idealerweise am Morgen

**Mythologie:**
Der Legende nach soll Buddha diese Geste verwendet haben, um einen wütenden Elefanten zu beruhigen

Das Abhaya Mudra ist eine kraftvolle Geste, die Schutz symbolisiert und dazu dient, Furcht zu überwinden und inneren Frieden zu fördern.

# Meditation:

☯ **Ziel:** Diese Meditation zielt darauf ab, deine innere Kraft zu aktivieren, Vertrauen zu stärken und Klarheit zu gewinnen, um deine Ziele zu manifestieren.

☯ **Dauer:** 15-30 Minuten

☯ **Ort:** Wähle einen ruhigen Ort, an dem du nicht gestört wirst.

☯ **Sitzhaltung:** Setze dich bequem in aufrechter Position auf einen Stuhl oder im Schneidersitz auf den Boden. Halte deinen Rücken gerade und deine Hände auf deinen Oberschenkeln. Wenn du den Stuhl gewählt hast, stelle beide Füße auf den Boden.

☯ **Abhaya Mudra:** Hebe deine rechte Hand auf Schulterhöhe, die Handfläche zeigt nach außen, die Finger sind zusammen und zeigen nach oben. Die linke Hand kannst du entspannt auf deinem Oberschenkel liegen lassen.

☯ **Einstimmung:**
Schließe deine Augen und atme tief durch die Nase ein, halte kurz den Atem an und atme langsam durch den Mund aus. Wiederhole dies drei Mal.
Spüre, wie sich dein Körper entspannt und dein Geist ruhig wird.

☯ **Erdung:**
Richte deine Aufmerksamkeit auf die Verbindung deines Körpers mit dem Boden. Spüre die Stabilität und Erdung.
Visualisiere Wurzeln, die aus deinem Körper in die Erde wachsen und dir Halt und Stärke geben.

☯ **Energieaktivierung:**
Richte deine Aufmerksamkeit auf deine rechte Hand in der Abhaya Mudra-Position. Spüre die Energie, die von deiner Handfläche ausstrahlt.
Visualisiere ein leuchtendes Licht, das aus deiner Handfläche strömt und dich umhüllt.

☯ **Innere Kraft:**
Stelle dir vor, dass dieses Licht deine innere Kraft aktiviert. Es durchdringt deinen gesamten Körper und füllt dich mit Energie und Zuversicht.

☯ **Wiederhole innerlich die Affirmation:** "Ich bin kraftvoll und mutig. Ich manifestiere meine Ziele mit Klarheit und Vertrauen."

☯ **Visualisierung:**
Visualisiere dich selbst als einen mächtigen Magier. Sieh, wie du deine Ziele und Wünsche manifestierst. Stelle dir vor, wie du deine Träume verwirklichst und Hindernisse überwindest.
Erlebe die Freude und Erfüllung, die du empfindest, wenn du deine Ziele erreichst.

☯ **Integration:**
Bleibe noch einige Minuten in dieser Visualisierung, während du die Energie und das Licht weiterhin spürst.
Atme tief ein und aus, und beginne langsam, deine Finger und Zehen zu bewegen, um in den gegenwärtigen Moment zurückzukehren.

☯ **Abschluss:**
Senke langsam deine rechte Hand und lege sie entspannt auf deinen Oberschenkel.
Öffne langsam deine Augen und nimm dir einen Moment Zeit, um die Ruhe und Energie in deinem Körper zu spüren.

☯ **Dankbarkeit:**
Schließe die Meditation mit einem Moment der Dankbarkeit ab. Bedanke dich bei dir selbst für die Zeit und Energie, die du dir gewidmet hast.

☯ **Tagebuch:**
Nimm dir nach der Meditation einige Minuten Zeit, um deine Erfahrungen, Eindrücke und jede aufgetauchte Weisheit in ein Tagebuch zu schreiben. Reflektiere über die Visualisierungen und Gefühle, die während der Meditation aufkamen. Notiere dir besonders intuitive Eingebungen oder Botschaften, die dir wichtig erscheinen. Dieses Tagebuch kann dir helfen, deine innere Weisheit zu vertiefen und einen bewussteren Zugang zu deinen intuitiven Fähigkeiten zu entwickeln.

# CHRONIK DER PERSÖNLICHEN ERLEBNISSE

# „Hüterin des Silbersterns"

Das Dhyana Mudra, welches mit der Hohepriesterin assoziiert wird.
Dieses Mudra steht für Meditation und tiefe Konzentration.

# II - Die Hohepriesterin

- **Element:** Wasser
- **Tierkreiszeichen:** Mond (Krebs)
- **Planet (Alchemie):** Mond
- **Pflanze:** Lotus
- **Tier:** Eule
- **Bachblüte:** Scleranthus
- **Karmischer Bezug:** Intuition und Geheimnisse
- **Künftige Entwicklung:** Innere Weisheit
- **Ich-Bewusstsein:** Empfänglichkeit
- **Äußere Haltung:** Geheimnisvoll
- **Innere Haltung:** Sphärisch
- **Unbekanntes Selbst:** Verborgene Gefühle
- **Denken:** Intuitiv
- **Fühlen:** Tief und introspektiv
- **Angstauslösend:** Ungewissheit
- **Partnerschaft:** Tiefe emotionale Verbindung
- **Liebe:** Intuitives Verständnis

# II - Die Hohepriesterin

**Einstellung zur Umwelt:** Rückzug

**Umwelteinflüsse:** Mysterien und Geheimnisse

**Verträge:** Verborgene Aspekte

**Traum:** Verborgene Weisheit

**Vergangene Einflüsse:** Unbewusste Erinnerungen

**Prägungen:** Tiefe emotionale Erfahrungen

**Gesundheit:** Hormonsystem

**Mittel zur Wiedergenesung:** Bachblüte Scleranthus, Lotustee

**Finanzen:** Intuitive Entscheidungen

**Bejahung:** "Ich vertraue meiner Intuition und akzeptiere die Weisheit, die in mir liegt."

**Edelstein:** Mondstein - fördert Intuition und weibliche Energie.

**Ätherisches Öl:**
**Einzelmittel:** Myrrhe
**Mischung:** Egyptian Gold

**Mudra:** Dhyana Mudra. Dieses Mudra steht für Meditation und tiefe Konzentration.

**Anleitung:** Lege deine Hände in deinen Schoß, die rechte Hand ruht auf der linken Hand, die Handflächen zeigen nach oben, und die Daumen berühren sich sanft.

# Dhyana Mudra: Die Geste der Meditation und inneren Ruhe

**☯ Bedeutung:**

"Dhyana" bedeutet auf Sanskrit Meditation oder Kontemplation.
Es symbolisiert tiefe Meditation, Konzentration und innere Ruhe.

**☯ Ausführung:**

Die Hände werden in den Schoß gelegt, mit den Handflächen nach oben.
Die rechte Hand liegt auf der linken Hand.
Die Daumenspitzen berühren sich leicht und bilden ein Dreieck.

**☯ Variationen:**

Manchmal wird es nur mit einer Hand ausgeführt (halbes Dhyana Mudra).
Die Hände können auch oberhalb des Nabels gehalten werden, besonders für Menschen,
die zur Schläfrigkeit neigen.

**☯ Wirkungen:**

Fördert geistige Klarheit und Konzentration
Hilft, zur Ruhe zu kommen und den Geist zu beruhigen
Unterstützt bei der Vertiefung der Meditation
Kann Stress, Angstzustände und Depressionen lindern

**☯ Anwendung:**

Wird oft in der Meditation und im Yoga praktiziert
Kann 20-30 Minuten täglich geübt werden, idealerweise am Morgen
Besonders geeignet für Menschen, die unruhig oder reizbar sind

**☯ Spirituelle Bedeutung:**

Symbolisiert den Zustand der Erleuchtung
Steht für die Einheit von Weisheit und Methode im Buddhismus
Wird oft in Buddha-Darstellungen verwendet, insbesondere bei Amitabha Buddha

# Dhyana Mudra: Die Geste der Meditation und inneren Ruhe

**Energetische Wirkung:**
Bringt das Pitta (Feuer-Element) ins Gleichgewicht
Verbindet die Energien der linken und rechten Körperhälfte

Das Dhyana Mudra ist eine kraftvolle Geste, die sowohl in der Meditation als auch im täglichen Leben eingesetzt werden kann, um innere Ruhe und Konzentration zu fördern.

# Meditation:

- ☯ **Ziel:** Diese Meditation zielt darauf ab, deine Intuition zu stärken, innere Weisheit zu fördern und tiefen inneren Frieden zu finden.Visualisiere dich an einem stillen See, der die tiefen Geheimnisse deiner Seele widerspiegelt.

- ☯ **Dauer:** 15-30 Minuten

- ☯ **Ort:** Wähle einen ruhigen Ort, an dem du nicht gestört wirst.

- ☯ **Sitzhaltung:** Setze dich bequem in aufrechter Position auf einen Stuhl oder im Schneidersitz auf den Boden. Halte deinen Rücken gerade und deine Hände auf deinen Oberschenkeln. Wenn du den Stuhl gewählt hast, stelle beide Füße auf den Boden.

- ☯ **Dhyana Mudra:** Lege deine Hände in deinen Schoß, die rechte Hand ruht auf der linken Hand, die Handflächen zeigen nach oben, und die Daumen berühren sich sanft.

- ☯ **Einstimmung:**
Schließe deine Augen und atme tief durch die Nase ein, halte kurz den Atem an und atme langsam durch den Mund aus. Wiederhole dies drei Mal.
Spüre, wie sich dein Körper entspannt und dein Geist ruhig wird.

- ☯ **Erdung:**
Richte deine Aufmerksamkeit auf die Verbindung deines Körpers mit dem Boden. Spüre die Stabilität und Erdung.
Visualisiere Wurzeln, die aus deinem Körper in die Erde wachsen und dir Halt und Stärke geben.

- ☯ **Intuitives Hören:**
Richte deine Aufmerksamkeit auf deine innere Stimme. Spüre die Weisheit, die in dir liegt.
Visualisiere ein leuchtendes Licht in deinem Bauchraum, das deine Intuition und innere Weisheit symbolisiert.

**Innere Weisheit:**

Stelle dir vor, dass dieses Licht deine innere Weisheit aktiviert. Es durchdringt deinen gesamten Körper und füllt dich mit Klarheit und Frieden.

Wiederhole innerlich die Affirmation: "Ich vertraue meiner Intuition und akzeptiere die Weisheit, die in mir liegt."

**Visualisierung:**

Visualisiere dich selbst als Hohepriesterin, die in einem Tempel der Weisheit sitzt. Sieh, wie du Zugang zu verborgenen Geheimnissen und tiefem Wissen hast.

Erlebe die Ruhe und das Vertrauen, die du empfindest, wenn du auf deine Intuition hörst und deine innere Weisheit akzeptierst.

**Integration:**

Bleibe noch einige Minuten in dieser Visualisierung, während du die Energie und das Licht weiterhin spürst.

Atme tief ein und aus, und beginne langsam, deine Finger und Zehen zu bewegen, um in den gegenwärtigen Moment zurückzukehren.

**Abschluss:**

Senke langsam deine Hände und lege sie entspannt auf deine Oberschenkel.

Öffne langsam deine Augen und nimm dir einen Moment Zeit, um die Ruhe und Energie in deinem Körper zu spüren.

**Dankbarkeit:**

Schließe die Meditation mit einem Moment der Dankbarkeit ab. Bedanke dich bei dir selbst für die Zeit und Energie, die du dir gewidmet hast.

**Tagebuch:**

Nimm dir nach der Meditation einige Minuten Zeit, um deine Erfahrungen, Eindrücke und jede aufgetauchte Weisheit in ein Tagebuch zu schreiben. Reflektiere über die Visualisierungen und Gefühle, die während der Meditation aufkamen. Notiere dir besonders intuitive Eingebungen oder Botschaften, die dir wichtig erscheinen. Dieses Tagebuch kann dir helfen, deine innere Weisheit zu vertiefen und einen bewussteren Zugang zu deinen intuitiven Fähigkeiten zu entwickeln.

# CHRONIK DER PERSÖNLICHEN ERLEBNISSE

# „Die Tochter der Mächtigen"

Dieses Mudra fördert Erdung und Stabilität, indem sie das Erdelement
im Körper stärkt.

# III - Die Kaiserin

- **Element:** Erde
- **Tierkreiszeichen:** Venus (Stier und Waage)
- **Planet (Alchemie):** Venus
- **Pflanze:** Rose
- **Tier:** Taube
- **Bachblüte:** Chicory
- **Karmischer Bezug:** Fülle und Kreativität
- **Künftige Entwicklung:** Fruchtbarkeit und Wachstum
- **Ich-Bewusstsein:** Nährend
- **Äußere Haltung:** Liebevoll und fürsorglich
- **Innere Haltung:** Schöpferisch und sinnlich
- **Unbekanntes Selbst:** Kreative Potenziale
- **Denken:** Praktisch
- **Fühlen:** Liebevoll
- **Angstauslösend:** Verlust von Fülle
- **Partnerschaft:** Pflege und Unterstützung
- **Liebe:** Sinnlichkeit

# III - Die Kaiserin

- **Einstellung zur Umwelt:** Verbundenheit

- **Umwelteinflüsse:** Natürliche Schönheit

- **Verträge:** Wachstumsfördernd

- **Traum:** Fülle und Fruchtbarkeit

- **Vergangene Einflüsse:** Mütterliche Liebe

- **Prägungen:** Sinnlichkeit und Kreativität

- **Gesundheit:** Reproduktionssystem

- **Mittel zur Wiedergenesung:** Bachblüte Chicory, Rosentee

- **Finanzen:** Wachstum und Wohlstand

- **Bejahung:** "Ich erlaube mir, in Fülle zu leben und meine Kreativität frei zu entfalten."

- **Edelstein:** Rosenquarz - symbolisiert Liebe und Wiedergenesung.

- **Ätherisches Öl:**
  **Einzelmittel:** Muskatellersalbei
  **Mischung:** Lady Sclareol

- **Mudra:** Prithvi Mudra. Dieses Mudra fördert Erdung und Stabilität, indem sie das Erdelement im Körper stärkt.

- **Anleitung:** Berühre die Spitze deines Ringfingers mit der Spitze deines Daumens, während die anderen drei Finger gestreckt bleiben.

# Prithvi Mudra: Das Erdungs-Mudra für Stabilität und Kraft

**Bedeutung:**
"Prithvi" bedeutet auf Sanskrit "Erde".
Es symbolisiert die Verbindung zur Erde und fördert Erdung und Stabilität.

**Ausführung:**
Die Spitzen des Daumens und des Ringfingers werden zusammengeführt.
Die anderen Finger bleiben ausgestreckt, aber entspannt.

**Wirkungen:**
Stärkt das Erdelement im Körper
Fördert Stabilität und innere Ruhe
Verbessert die Verdauung und hilft bei Magenproblemen
Stärkt Knochen, Muskeln, Nägel und Haare
Kann bei Gewichtszunahme unterstützen
Hilft bei Knieschmerzen

**Anwendung:**
Kann im Sitzen oder Gehen praktiziert werden
Idealerweise 15-30 Minuten täglich, besonders am Morgen
Oft in Kombination mit Meditation oder Atemübungen

**Chakra-Verbindung:**
Ist mit dem Wurzelchakra (Muladhara) verbunden
Fördert Erdung, Sicherheit und Grundvertrauen

**Kontrast zu anderen Mudras:**
Gegensätzlich zum Surya Mudra, das das Feuerelement erhöht

# Prithvi Mudra: Das Erdungs-Mudra für Stabilität und Kraft

**Variationen:**

Kann im Alltag sowie während der Meditation durchgeführt werden

Im Sitzen: Hände auf den Beinen

Bei Gehmeditation: Arme entspannt herabhängen lassen

Das Prithvi Mudra ist besonders nützlich für Menschen, die sich geerdet und stabil fühlen möchten oder die eine Verbindung zur Erde suchen. Es kann helfen, Stress abzubauen und ein Gefühl von Sicherheit und Stabilität zu fördern.

# Meditation:

- ☯ **Ziel:** Diese Meditation zielt darauf ab, deine Verbindung zur Erde zu stärken, deine kreative Energie zu wecken und Fülle in dein Leben zu ziehen.

- ☯ **Dauer:** 15-30 Minuten

- ☯ **Ort:** Wähle einen ruhigen Ort, an dem du nicht gestört wirst.

- ☯ **Sitzhaltung:** Setze dich bequem in aufrechter Position auf einen Stuhl oder im Schneidersitz auf den Boden. Halte deinen Rücken gerade und deine Hände auf deinen Oberschenkeln. Wenn du den Stuhl gewählt hast, stelle beide Füße auf den Boden.

- ☯ **Prithvi Mudra:** Berühre die Spitze deines Ringfingers mit der Spitze deines Daumens, während die anderen drei Finger gestreckt bleiben.

- ☯ **Einstimmung:**
Schließe deine Augen und atme tief durch die Nase ein, halte kurz den Atem an und atme langsam durch den Mund aus.
Wiederhole dies drei Mal.
Spüre, wie sich dein Körper entspannt und dein Geist ruhig wird.

- ☯ **Erdung:**
Richte deine Aufmerksamkeit auf die Verbindung deines Körpers mit dem Boden. Spüre die Stabilität und Erdung.
Visualisiere Wurzeln, die aus deinem Körper in die Erde wachsen und dir Halt und Stärke geben.

- ☯ **Energieaktivierung:**
Richte deine Aufmerksamkeit auf deine Hände in der Prithvi Mudra-Position. Spüre die Energie, die von deinen Händen ausgeht.
Visualisiere ein leuchtendes, grünes Licht, das aus deinen Händen strömt und dich umhüllt.

### ☯ Innere Fülle:

Stelle dir vor, dass dieses Licht deine kreative Energie aktiviert. Es durchdringt deinen gesamten Körper und füllt dich mit Fülle und Kreativität.

Wiederhole innerlich die Affirmation: "Ich erlaube mir, in Fülle zu leben und meine Kreativität frei zu entfalten."

### ☯ Visualisierung:

Visualisiere dich selbst in einem üppigen Garten, in dem alles wächst und gedeiht. Sieh, wie deine Kreativität blüht und Fülle in dein Leben zieht.

Erlebe die Freude und Erfüllung, die du empfindest, wenn du deine kreative Energie frei entfalten kannst.

### ☯ Integration:

Bleibe noch einige Minuten in dieser Visualisierung, während du die Energie und das Licht weiterhin spürst.

Atme tief ein und aus, und beginne langsam, deine Finger und Zehen zu bewegen, um in den gegenwärtigen Moment zurückzukehren.

### ☯ Abschluss:

Senke langsam deine Hände und lege sie entspannt auf deine Oberschenkel.

Öffne langsam deine Augen und nimm dir einen Moment Zeit, um die Ruhe und Energie in deinem Körper zu spüren.

### ☯ Tagebuch:

Nimm dir nach der Meditation einige Minuten Zeit, um deine Erfahrungen, Eindrücke und jede aufgetauchte Weisheit in ein Tagebuch zu schreiben. Reflektiere über die Visualisierungen und Gefühle, die während der Meditation aufkamen. Notiere dir besonders intuitive Eingebungen oder Botschaften, die dir wichtig erscheinen. Dieses Tagebuch kann dir helfen, deine innere Weisheit zu vertiefen und einen bewussteren Zugang zu deinen intuitiven Fähigkeiten zu entwickeln.

# CHRONIK DER PERSÖNLICHEN ERLEBNISSE

# „Der Oberste der Mächtigen“

Dieses Mudra unterstützt die Konzentration und das Gedächtnis,
indem es die Energie im Stirnchakra aktiviert.

# IV - Der Kaiser

- **Element:** Feuer

- **Tierkreiszeichen:** Widder (Mars)

- **Planet (Alchemie):** Mars

- **Pflanze:** Eiche

- **Tier:** Adler

- **Bachblüte:** Vine

- **Karmischer Bezug:** Autorität und Struktur

- **Künftige Entwicklung:** Stabilität und Ordnung

- **Ich-Bewusstsein:** Führung

- **Äußere Haltung:** Dominant und kontrollierend

- **Innere Haltung:** Diszipliniert

- **Unbekanntes Selbst:** Autoritätspotenziale

- **Denken:** Strukturiert

- **Fühlen:** Verantwortlich

- **Angstauslösend:** Kontrollverlust

- **Partnerschaft:** Stabilität und Schutz

- **Liebe:** Führung und Verantwortung

# IV - Der Kaiser

- **Einstellung zur Umwelt:** Schutz und Kontrolle

- **Umwelteinflüsse:** Strukturen und Regeln

- **Verträge:** Strukturiert und verbindlich

- **Traum:** Kontrolle und Ordnung

- **Vergangene Einflüsse:** Autoritäre Figuren

- **Prägungen:** Disziplin und Struktur

- **Gesundheit:** Kreislaufsystem

- **Mittel zur Wiedergenesung:** Bachblüte Vine, Eichentee

- **Finanzen:** Stabilität und Sicherheit

- **Affirmation:** "Ich führe mein Leben mit Stärke, Klarheit und Disziplin."

- **Edelstein:** Granat - symbolisiert Stärke und Schutz.

- **Ätherisches Öl:**
  **Einzelmittel:** Salbei
  **Mischung:** Mister

- **Mudra:**
  Hakini Mudra. Dieses Mudra unterstützt die Konzentration und das Gedächtnis, indem es die Energie im Stirnchakra aktiviert.

- **Anleitung:** Lege die Fingerspitzen beider Hände zusammen, so dass sie sich berühren, die Handflächen zeigen zueinander.

# Hakini Mudra: Die Geste der geistigen Klarheit und Macht

**Bedeutung und Name:**
Auch bekannt als "Machtgeste" oder "Geste der Macht"
Hakini ist die Göttin des Ajna-Chakras (Stirnchakra)

**Ausführung:**
Alle 10 Fingerspitzen berühren sich leicht
Die Finger sind etwas gespreizt, nicht eng zusammen
Kann im Sitzen oder Stehen praktiziert werden

**Wirkungen und Vorteile:**
Fördert Konzentration und Denkvermögen
Verbessert das Gedächtnis
Steigert die Produktivität bei geistiger Arbeit
Unterstützt bessere Entscheidungsfindung
Stärkt das Selbstvertrauen, besonders beim Sprechen
Aktiviert das Ajna-Chakra
Balanciert die linke und rechte Gehirnhälfte

**Anwendung:**
Oft in Meditation und Yoga praktiziert
Hilfreich für Redner und bei öffentlichen Auftritten
Kann im Alltag angewendet werden, z.B. bei Nervosität

**Symbolik:**
Jeder Finger repräsentiert ein Element (Wasser, Erde, Äther, Luft, Feuer)
Das Zusammenbringen der Finger symbolisiert "Möge alles zur Einheit kommen"

# Hakini Mudra: Die Geste der geistigen Klarheit und Macht

**Vorsichtsmaßnahmen:**
Finger nur leicht berühren, nicht fest drücken
Wirbelsäule aufrecht, aber bequem halten

**Visualisierung und Affirmation:**
Visualisieren, dass sich die Gedanken beruhigen
Affirmation: "Ich bin der Inbegriff von Selbstvertrauen. Ich bin voller Zuversicht."

Das Hakini Mudra ist eine kraftvolle Geste zur Förderung mentaler Klarheit, Konzentration und Selbstvertrauen, das sowohl in der Meditation als auch im Alltag angewendet werden kann.

# Meditation:

- ☯ **Ziel:** Diese Meditation zielt darauf ab, deine innere Stärke zu aktivieren, Klarheit zu fördern und Disziplin zu stärken, um dein Leben bewusst zu führen.

- ☯ **Dauer:** 15-30 Minuten

- ☯ **Ort:** Wähle einen ruhigen Ort, an dem du nicht gestört wirst.

- ☯ **Sitzhaltung:** Setze dich bequem in aufrechter Position auf einen Stuhl oder im Schneidersitz auf den Boden. Halte deinen Rücken gerade und deine Hände auf deinen Oberschenkeln. Wenn du den Stuhl gewählt hast, stelle beide Füße auf den Boden.

- ☯ **Hakini Mudra:** Lege die Fingerspitzen beider Hände zusammen, so dass sie sich berühren, die Handflächen zeigen zueinander.

- ☯ **Einstimmung:**
Schließe deine Augen und atme tief durch die Nase ein, halte kurz den Atem an und atme langsam durch den Mund aus. Wiederhole dies drei Mal.
Spüre, wie sich dein Körper entspannt und dein Geist ruhig wird.

- ☯ **Erdung:**
Richte deine Aufmerksamkeit auf die Verbindung deines Körpers mit dem Boden. Spüre die Stabilität und Erdung.
Visualisiere Wurzeln, die aus deinem Körper in die Erde wachsen und dir Halt und Stärke geben.

- ☯ **Energieaktivierung:**
Richte deine Aufmerksamkeit auf deine Hände in der Hakini Mudra-Position. Spüre die Energie, die von deinen Händen ausgeht.
Visualisiere ein leuchtendes, rotes Licht, das aus deinen Händen strömt und dich umhüllt.

### ☯ Innere Stärke:

Stelle dir vor, dass dieses Licht deine innere Stärke aktiviert. Es durchdringt deinen gesamten Körper und füllt dich mit Klarheit und Disziplin.

Wiederhole innerlich die Affirmation: "Ich führe mein Leben mit Stärke, Klarheit und Disziplin."

### ☯ Visualisierung:

Visualisiere dich selbst als mächtigen Herrscher, der sein Reich mit Weisheit und Stärke führt. Sieh, wie du klare Entscheidungen triffst und Herausforderungen meisterst.

Erlebe die Zufriedenheit und Erfüllung, die du empfindest, wenn du dein Leben bewusst und stark führst.

### ☯ Integration:

Bleibe noch einige Minuten in dieser Visualisierung, während du die Energie und das Licht weiterhin spürst.

Atme tief ein und aus, und beginne langsam, deine Finger und Zehen zu bewegen, um in den gegenwärtigen Moment zurückzukehren.

### ☯ Abschluss:

Senke langsam deine Hände und lege sie entspannt auf deine Oberschenkel.

Öffne langsam deine Augen und nimm dir einen Moment Zeit, um die Ruhe und Energie in deinem Körper zu spüren.

### ☯ Tagebuch:

Nimm dir nach der Meditation einige Minuten Zeit, um deine Erfahrungen, Eindrücke und jede aufgetauchte Weisheit in ein Tagebuch zu schreiben. Reflektiere über die Visualisierungen und Gefühle, die während der Meditation aufkamen. Notiere dir besonders intuitive Eingebungen oder Botschaften, die dir wichtig erscheinen. Dieses Tagebuch kann dir helfen, deine innere Weisheit zu vertiefen und einen bewussteren Zugang zu deinen intuitiven Fähigkeiten zu entwickeln.

# CHRONIK DER PERSÖNLICHEN ERLEBNISSE

# „Der Magus der ewigen Götter"

Dieses Mudra fördert Weisheit und spirituelle Erkenntnis, indem sie das Kronenchakra aktiviert.

# V - Der Hierophant

- **Element:** Erde
- **Tierkreiszeichen:** Stier (Venus)
- **Planet (Alchemie):** Venus
- **Pflanze:** Salbei
- **Tier:** Stier
- **Bachblüte:** Rock Water
- **Karmischer Bezug:** Tradition und Lehre
- **Künftige Entwicklung:** Weisheit und Erkenntnis
- **Ich-Bewusstsein:** Lehrend
- **Äußere Haltung:** Konservativ
- **Innere Haltung:** Spirituell
- **Unbekanntes Selbst:** Verborgenes Wissen
- **Denken:** Traditionell
- **Fühlen:** Ethisch
- **Angstauslösend:** Verlust von Tradition
- **Partnerschaft:** Stabilität und Sicherheit
- **Liebe: Traditionelle** Werte

# V - Der Hierophant

- **Einstellung zur Umwelt:** Bewahrung

- **Umwelteinflüsse:** Religiöse und spirituelle Einflüsse

- **Verträge:** Traditionell und moralisch

- **Traum:** Spirituelle Erleuchtung

- **Vergangene Einflüsse:** Religiöse Prägungen

- **Prägungen:** Tradition und Ethik

- **Gesundheit:** Immunsystem

- **Mittel zur Wiedergenesung:** Bachblüte Rock Water, Salbeitee

- **Finanzen:** Sicherheit durch Tradition

- **Bejahung:** "Ich öffne mich für die Weisheit der Traditionen und finde spirituelle Führung."

- **Edelstein:** Lapislazuli - fördert Weisheit und Wahrheit.

- **Ätherisches Öl:**
  **Einzelmittel:** Weihrauch
  **Mischung:** Exodus / 3 Wise Men

- **Mudra:**
  Jnana Mudra. Dieses Mudra fördert Weisheit und spirituelle Erkenntnis, indem es das Kronenchakra aktiviert.

- **Anleitung:** Berühre die Spitze deines Daumens mit der Spitze deines Zeigefingers, während die anderen drei Finger ausgestreckt bleiben und die Handfläche nach unten zeigt.

# Jnana Mudra: Die Geste der Weisheit und Erkenntnis

☯ **Gemeinsamkeiten Jnana Mudra und Chin Mudra:**
Bei beiden Mudras berühren sich Daumen und Zeigefinger an den Spitzen, während die anderen drei Finger ausgestreckt bleiben.
Beide Mudras symbolisieren die Verbindung des individuellen Selbst (Zeigefinger) mit dem universellen Selbst oder Brahman (Daumen).
Beide werden häufig in Meditation und Yoga-Praxis eingesetzt.

☯ **Handposition:**
**Chin Mudra:** Die Handflächen zeigen nach oben.
**Jnana Mudra:** Die Handflächen zeigen nach unten.

☯ **Chin Mudra:** Gilt als aktivierend und empfangend. Die nach oben gerichteten Handflächen symbolisieren Offenheit für Energie und neue Erfahrungen.

☯ **Jnana Mudra:** Wird als erdend und nach innen gerichtet betrachtet. Die nach unten zeigenden Handflächen fördern Introversion und Selbstreflexion.

☯ **Chin Mudra:** Bedeutet "Geste des Bewusstseins" und fördert Achtsamkeit und Präsenz.

☯ **Jnana Mudra:** Wird als "Geste der Weisheit" oder "Geste des Wissens" bezeichnet und soll Weisheit und Einsicht fördern.

☯ **Subtile Unterschiede in der Fingerhaltung:**
Einige Quellen erwähnen, dass beim Chin Mudra der Zeigefinger das Daumengelenk innen berührt, während sich beim Jnana Mudra die Fingerspitzen berühren.

# Jnana Mudra: Die Geste der Weisheit und Erkenntnis

### Anwendung:
In einigen meditativen Praktiken gibt es unterschiedliche Handhaltungen. Beim Chin Mudra berührt der Zeigefinger das Daumengelenk innen, während beim Jnana Mudra die Fingerspitzen zusammenkommen.

**Chin Mudra:** Oft in aktiveren Meditationen oder Pranayama-Übungen verwendet. Jnana **Mudra:** Häufiger in stillen Meditationen und für tiefe Kontemplation eingesetzt.

# Meditation:

- **Ziel:** Diese Meditation zielt darauf ab, spirituelle Weisheit zu empfangen und die Verbindung zu höheren Ebenen des Bewusstseins zu stärken.

- **Dauer:** 15-30 Minuten

- **Ort:** Wähle einen ruhigen Ort, an dem du nicht gestört wirst.

- **Sitzhaltung:** Setze dich bequem in aufrechter Position auf einen Stuhl oder im Schneidersitz auf den Boden. Halte deinen Rücken gerade und deine Hände auf deinen Oberschenkeln. Wenn du den Stuhl gewählt hast, stelle beide Füße auf den Boden.

- **Jnana Mudra:** Berühre die Spitze deines Daumens mit der Spitze deines Zeigefingers, während die anderen drei Finger ausgestreckt bleiben und die Handfläche nach unten zeigt.

- **Einstimmung:**
Schließe deine Augen und atme tief durch die Nase ein, halte kurz den Atem an und atme langsam durch den Mund aus. Wiederhole dies drei Mal.
Spüre, wie sich dein Körper entspannt und dein Geist ruhig wird.

- **Erdung:**
Richte deine Aufmerksamkeit auf die Verbindung deines Körpers mit dem Boden. Spüre die Stabilität und Erdung.
Visualisiere Wurzeln, die aus deinem Körper in die Erde wachsen und dir Halt und Stärke geben.

- **Energieaktivierung:**
Richte deine Aufmerksamkeit auf deine Hände in der Jnana Mudra-Position. Spüre die Energie, die von deinen Händen ausgeht.
Visualisiere ein leuchtendes, weißes Licht, das aus deinen Händen strömt und dich umhüllt.

## ☯ Spirituelle Weisheit:

Stelle dir vor, dass dieses Licht deine spirituelle Weisheit aktiviert. Es durchdringt deinen gesamten Körper und füllt dich mit Erkenntnis und Klarheit.

Wiederhole innerlich die Affirmation: "Ich öffne mich für die Weisheit der Traditionen und finde spirituelle Führung."

## ☯ Visualisierung:

Visualisiere dich selbst als spirituellen Lehrer, der in einem heiligen Tempel sitzt und Weisheit empfängt und weitergibt. Sieh, wie du Zugang zu tiefem Wissen hast und dieses mit anderen teilst.

Erlebe die Ruhe und das Vertrauen, die du empfindest, wenn du auf deine spirituelle Führung hörst und deine innere Weisheit akzeptierst.

## ☯ Integration:

Bleibe noch einige Minuten in dieser Visualisierung, während du die Energie und das Licht weiterhin spürst.

Atme tief ein und aus, und beginne langsam, deine Finger und Zehen zu bewegen, um in den gegenwärtigen Moment zurückzukehren.

## ☯ Abschluss:

Senke langsam deine Hände und lege sie entspannt auf deine Oberschenkel.

Öffne langsam deine Augen und nimm dir einen Moment Zeit, um die Ruhe und Energie in deinem Körper zu spüren.

## ☯ Tagebuch:

Nimm dir nach der Meditation einige Minuten Zeit, um deine Erfahrungen, Eindrücke und jede aufgetauchte Weisheit in ein Tagebuch zu schreiben. Reflektiere über die Visualisierungen und Gefühle, die während der Meditation aufkamen. Notiere dir besonders intuitive Eingebungen oder Botschaften, die dir wichtig erscheinen. Dieses Tagebuch kann dir helfen, deine innere Weisheit zu vertiefen und einen bewussteren Zugang zu deinen spirituellen Fähigkeiten zu entwickeln.

# CHRONIK DER PERSÖNLICHEN ERLEBNISSE

# „Die Kinder der göttlichen Stimme"

Dieses Mudra fördert die Verbindung und Harmonie, indem es das Herzchakra aktiviert.

# VI - Die Liebenden

- **Element:** Luft

- **Tierkreiszeichen:** Zwillinge (Merkur)

- **Planet (Alchemie):** Merkur

- **Pflanze:** Myrte

- **Tier:** Taube

- **Bachblüte:** Holly

- **Karmischer Bezug:** Liebe und Entscheidung

- **Künftige Entwicklung:** Harmonische Beziehungen

- **Ich-Bewusstsein:** Verbindung

- **Äußere Haltung:** Harmonisch

- **Innere Haltung:** Liebevoll

- **Unbekanntes Selbst:** Verborgene Sehnsüchte

- **Denken:** Kooperativ

- **Fühlen:** Herzlich

- **Angstauslösend:** Trennung

- **Partnerschaft:** Tiefe Verbindung

- **Liebe:** Harmonie

# VI - Die Liebenden

- **Einstellung zur Umwelt:** Verbindend

- **Umwelteinflüsse:** Kommunikation und Austausch

- **Verträge:** Vereinbarungen

- **Traum:** Liebevolle Beziehungen

- **Vergangene Einflüsse:** Frühere Partnerschaften

- **Prägungen:** Liebe und Harmonie

- **Gesundheit:** Herz

- **Mittel zur Wiedergenesung:** Bachblüte Holly, Myrtentee

- **Finanzen:** Partnerschaftliche Zusammenarbeit

- **Bejahung:** "Ich wähle Liebe, Harmonie und tiefe Verbindungen in meinen Beziehungen."

- **Edelstein:** Rosenquarz - fördert Liebe und Harmonie.

- **Ätherisches Öl:**
  **Einzelmittel:** Rose, Jasmin
  **Mischung:** Joy

- **Mudra:** Yoni Mudra. Dieses Mudra fördert die Verbindung und Harmonie, indem es das Herzchakra aktiviert.

- **Anleitung:** Bilde ein Dreieck mit den Händen, indem du die Daumen und Zeigefinger beider Hände ausgestreckt zusammenbringst, die anderen Finger werden eingerollt aneinandergelegt. Halte das Mudra vor deinem Herzchakra.

# Yoni Mudra: Die Geste der Weiblichkeit und inneren Ruhe

**Bedeutung:**
"Yoni" bedeutet auf Sanskrit "Mutterschoß" oder "Quelle"
Es symbolisiert Geborgenheit, innere Ruhe und Verbindung zur weiblichen Kraft

**Ausführung:**
Daumen und Zeigefinger werden zu einem Dreieck geformt
Die anderen Finger werden eingerollt aneinandergelegt
Das Dreieck wird oft vor dem Herzchakra platziert

**Wirkungen und Vorteile:**
Fördert innere Ruhe und Geborgenheit
Hilft, die Sinne nach innen zu richten
Kann Menstruationsbeschwerden lindern
Unterstützt bei Fruchtbarkeitsproblemen
Hilft bei der Synchronisation des weiblichen Zyklus mit dem Mondzyklus
Reduziert Stress und fördert Entspannung

**Anwendung:**
Oft in Meditation und Yoga praktiziert
Kann für 5-15 Minuten gehalten werden
Besonders wirksam, wenn es vor dem Unterleib platziert wird

**Variationen:**
Es gibt auch eine Version, bei der alle zehn Finger verwendet werden, um die
Sinnesorgane zu verschließen

**Spirituelle Bedeutung:**
Verbindet mit der weiblichen Urkraft (Shakti)
Fördert das Gefühl der Geborgenheit wie im Mutterschoß

# Yoni Mudra: Die Geste der Weiblichkeit und inneren Ruhe

**Visualisierung:**
Man kann sich vorstellen, in einem positiven Licht zu stehen
Visualisierung der Verbindung zum weiblichen Kraftzentrum

Das Yoni Mudra ist eine kraftvolle Geste zur Förderung der inneren Ruhe, Verbindung zur weiblichen Kraft und Unterstützung des weiblichen Zyklus. Es kann sowohl in der Meditation als auch im Alltag angewendet werden.

# Meditation:

- ☯ **Ziel:** Diese Meditation zielt darauf ab, Liebe und Harmonie in deinem Leben zu fördern und tiefere Verbindungen in deinen Beziehungen zu schaffen.

- ☯ **Dauer:** 15-30 Minuten

- ☯ **Ort:** Wähle einen ruhigen Ort, an dem du nicht gestört wirst.

- ☯ **Sitzhaltung:** Setze dich bequem in eine aufrechte Position auf einem Stuhl oder im Schneidersitz auf dem Boden. Halte deinen Rücken gerade und lege deine Hände auf deine Oberschenkel. Wenn du den Stuhl gewählt hast, stelle beide Füße auf den Boden.

- ☯ **Yoni Mudra:** Bilde ein Dreieck mit den Händen, indem du die Daumen und Zeigefinger beider Hände ausgestreckt zusammenbringst, die anderen Finger werden eingerollt aneinandergelegt. Halte das Mudra vor deinem Herzchakra.

- ☯ **Einstimmung:**
Schließe deine Augen und atme tief durch die Nase ein, halte kurz den Atem an und atme langsam durch den Mund aus. Wiederhole dies drei Mal.
Spüre, wie sich dein Körper entspannt und dein Geist ruhig wird.

- ☯ **Erdung:**
Richte deine Aufmerksamkeit auf die Verbindung deines Körpers mit dem Boden. Spüre die Stabilität und Erdung.
Visualisiere Wurzeln, die aus deinem Körper in die Erde wachsen und dir Halt und Stärke geben.

- ☯ **Herzöffnung:**
Richte deine Aufmerksamkeit auf deine Hände in der Yoni Mudra-Position. Spüre die Energie, die von deinen Händen ausgeht.
Visualisiere ein leuchtendes, rosafarbenes Licht, das aus deinen Händen strömt und dein Herzchakra öffnet und harmonisiert.

## Liebe und Harmonie:

Stelle dir vor, dass dieses Licht deine Fähigkeit zur Liebe und Harmonie aktiviert. Es durchdringt deinen gesamten Körper und füllt dich mit Liebe und Frieden.
Wiederhole innerlich die Affirmation: "Ich wähle Liebe, Harmonie und tiefe Verbindungen in meinen Beziehungen."

## Visualisierung:

Visualisiere dich selbst in einer liebevollen Beziehung. Sieh, wie du tiefe Verbindungen zu den Menschen in deinem Leben aufbaust und pflegst.
Erlebe die Freude und Erfüllung, die du empfindest, wenn du Liebe und Harmonie in deinen Beziehungen lebst.

## Integration:

Bleibe noch einige Minuten in dieser Visualisierung, während du die Energie und das Licht weiterhin spürst.
Atme tief ein und aus, und beginne langsam, deine Finger und Zehen zu bewegen, um in den gegenwärtigen Moment zurückzukehren.

## Abschluss:

Senke langsam deine Hände und lege sie entspannt auf deine Oberschenkel.
Öffne langsam deine Augen und nimm dir einen Moment Zeit, um die Ruhe und Energie in deinem Körper zu spüren.

## Tagebuch:

Nimm dir nach der Meditation einige Minuten Zeit, um deine Erfahrungen, Eindrücke und jede aufgetauchte Weisheit in ein Tagebuch zu schreiben. Reflektiere über die Visualisierungen und Gefühle, die während der Meditation aufkamen. Notiere dir besonders intuitive Eingebungen oder Botschaften, die dir wichtig erscheinen. Dieses Tagebuch kann dir helfen, deine inneren Weisheiten zu vertiefen und einen bewussteren Zugang zu deinen spirituellen Fähigkeiten zu entwickeln.

CHRONIK DER PERSÖNLICHEN ERLEBNISSE

# „Das Kind der Wassermächte"

Dieses Mudra hilft, Negativität loszulassen und positive Energie zu stärken.

# VII - Der Wagen

- **Element:** Wasser
- **Tierkreiszeichen:** Krebs (Mond)
- **Planet (Alchemie):** Mond
- **Pflanze:** Efeu
- **Tier:** Pferd
- **Bachblüte:** Cerato
- **Karmischer Bezug:** Zielstrebigkeit und Kontrolle
- **Künftige Entwicklung:** Erfolg und Überwindung von Hindernissen
- **Ich-Bewusstsein:** Zielgerichtet
- **Äußere Haltung:** Selbstbewusst
- **Innere Haltung:** Entschlossen
- **Unbekanntes Selbst:** Verborgene Stärken
- **Denken:** Klar und fokussiert
- **Fühlen:** Mutig und entschlossen
- **Angstauslösend:** Kontrollverlust
- **Partnerschaft:** Unterstützung und gemeinsames Wachstum
- **Liebe:** Zielgerichtete Zuneigung

# VII - Der Wagen

- **Einstellung zur Umwelt:** Aktives Handeln

- **Umwelteinflüsse:** Herausforderungen und Chancen

- **Verträge:** Klare Zielsetzungen

- **Traum:** Erfolgreiches Vorankommen

- **Vergangene Einflüsse:** Überwundene Herausforderungen

- **Prägungen:** Disziplin und Ausdauer

- **Gesundheit:** Kreislaufsystem

- **Mittel zur Wiedergenesung:** Bachblüte Cerato, Efeutee

- **Finanzen:** Gezieltes Management

- **Bejahung:** "Ich bin entschlossen und zielstrebig auf meinem Weg zum Erfolg."

- **Edelstein:** Karneol - fördert Mut und Entschlossenheit.

- **Ätherisches Öl:**
  **Einzelmittel:** Lemongras
  **Mischung:** Into the Future

- **Mudra:** Ksepana Mudra. Dieses Mudra hilft, Negativität loszulassen und positive Energie zu stärken.

- **Anleitung:** Lege die Hände vor dir zusammen, die Zeigefinger ausgestreckt und die anderen Finger ineinander verschränkt. Die Zeigefinger zeigen nach vorne oder unten, während die Daumen die Hände festhalten.

# Ksepana Mudra: Die Geste des Loslassens und der Reinigung

**Bedeutung:**
"Ksepana" bedeutet auf Sanskrit "wegwerfen", "loslassen" oder "ausgießen"
Es wird auch als "Geste des Loslassens" bezeichnet

**Ausführung:**
Die Finger beider Hände werden verschränkt
Die Zeigefinger werden ausgestreckt und berühren sich
Die Daumen werden überkreuzt
Zwischen den Handflächen entsteht ein Hohlraum
Die Zeigefinger zeigen nach unten (im Sitzen), nach vorne (im  Knien) oder zu den Füßen (im Liegen)

**Wirkungen und Vorteile:**
Hilft beim Loslassen von Negativität, Frustration und Leiden
Unterstützt bei der Beseitigung von emotionalen Lecks
Fördert die Ausscheidung von "Abfallstoffen" (Mala) auf körperlicher und energetischer Ebene
Kann bei Angstzuständen und Depressionen helfen
Beruhigt den Geist und reduziert Stress

**Anwendung:**
Kann im Sitzen, Knien oder Liegen praktiziert werden
Empfohlen werden 7-15 langsame, tiefe Atemzüge
Fokus auf eine verlängerte Ausatmung
Kann auch in Kombination mit Yoga-Asanas geübt werden

# Ksepana Mudra: Die Geste des Loslassens und der Reinigung

**Energetische Wirkung:**
Arbeitet mit Apana Vayu (abwärts und auswärts fließende Energie)
Unterstützt Ausscheidungsprozesse über Haut, Lunge und Darm
Fördert die Aufnahme positiver Energie (Chi)

**Vorsichtsmaßnahmen:**
Nicht zu lange halten, da sonst auch positive Energie abfließen kann
Im Feng Shui: Zeigefinger nicht auf Türen richten

Das Ksepana Mudra ist eine kraftvolle Geste, um negative Energien loszulassen und sich zu erneuern. Es kann besonders in stressigen Situationen oder bei emotionalen Belastungen hilfreich sein.

# Meditation:

🌓 **Ziel:** Diese Meditation zielt darauf ab, deine Entschlossenheit zu stärken, Hindernisse zu überwinden und deinen Weg zum Erfolg zu fokussieren.

🌓 **Dauer:** 15-30 Minuten

🌓 **Ort:** Wähle einen ruhigen Ort, an dem du nicht gestört wirst.

🌓 **Sitzhaltung:** Setze dich bequem in aufrechter Position auf einen Stuhl oder im Schneidersitz auf den Boden. Halte deinen Rücken gerade und deine Hände auf deinen Oberschenkeln. Wenn du den Stuhl gewählt hast, stelle beide Füße auf den Boden.

🌓 **Ksepana Mudra:** Lege die Hände vor dir zusammen, die Zeigefinger ausgestreckt und die anderen Finger ineinander verschränkt. Die Zeigefinger zeigen nach vorne oder unten, während die Daumen die Hände festhalten.

🌓 **Einstimmung:**
Schließe deine Augen und atme tief durch die Nase ein, halte kurz den Atem an und atme langsam durch den Mund aus. Wiederhole dies drei Mal.
Spüre, wie sich dein Körper entspannt und dein Geist ruhig wird.

🌓 **Erdung:**
Richte deine Aufmerksamkeit auf die Verbindung deines Körpers mit dem Boden. Spüre die Stabilität und Erdung.
Visualisiere Wurzeln, die aus deinem Körper in die Erde wachsen und dir Halt und Stärke geben.

🌓 **Energieaktivierung:**
Richte deine Aufmerksamkeit auf deine Hände in der Ksepana Mudra-Position. Spüre die Energie, die von deinen Händen ausgeht.
Visualisiere ein leuchtendes, oranges Licht, das aus deinen Händen strömt und dich umhüllt.

### ☯ Entschlossenheit und Zielstrebigkeit:

Stelle dir vor, dass dieses Licht deine Entschlossenheit und Zielstrebigkeit aktiviert. Es durchdringt deinen gesamten Körper und füllt dich mit Mut und Energie.

Wiederhole innerlich die Affirmation: "Ich bin entschlossen und zielstrebig auf meinem Weg zum Erfolg."

### ☯ Visualisierung:

Visualisiere dich selbst als Wagenlenker, der sicher und zielstrebig seinen Weg findet. Sieh, wie du Hindernisse überwindest und deine Ziele erreichst.

Erlebe die Freude und Erfüllung, die du empfindest, wenn du deinen Weg mit Entschlossenheit und Mut gehst.

### ☯ Integration:

Bleibe noch einige Minuten in dieser Visualisierung, während du die Energie und das Licht weiterhin spürst.

Atme tief ein und aus, und beginne langsam, deine Finger und Zehen zu bewegen, um in den gegenwärtigen Moment zurückzukehren.

### ☯ Abschluss:

Senke langsam deine Hände und lege sie entspannt auf deine Oberschenkel.

Öffne langsam deine Augen und nimm dir einen Moment Zeit, um die Ruhe und Energie in deinem Körper zu spüren.

### ☯ Tagebuch:

Nimm dir nach der Meditation einige Minuten Zeit, um deine Erfahrungen, Eindrücke und jede aufgetauchte Weisheit in ein Tagebuch zu schreiben. Reflektiere über die Visualisierungen und Gefühle, die während der Meditation aufkamen. Notiere dir besonders intuitive Eingebungen oder Botschaften, die dir wichtig erscheinen. Dieses Tagebuch kann dir helfen, deine Entschlossenheit und Zielstrebigkeit zu vertiefen und einen bewussteren Zugang zu deinen inneren Fähigkeiten zu entwickeln.

# CHRONIK DER PERSÖNLICHEN ERLEBNISSE

# „Die Tochter der Herrin der Wahrheit"

Dieses Mudra fördert Gleichgewicht und Harmonie, indem es das Herzchakra aktiviert.

# VIII - Die Gerechtigkeit

-  **Element:** Luft
- **Tierkreiszeichen:** Waage (Venus)
- **Planet (Alchemie):** Venus
- **Pflanze:** Efeu
- **Tier:** Elefant
- **Bachblüte:** Beech
- **Karmischer Bezug:** Ausgeglichenheit und Fairness
- **Künftige Entwicklung:** Gerechtigkeit und Klarheit
- **Ich-Bewusstsein:** Fairness
- **Äußere Haltung:** Ausgewogen
- **Innere Haltung:** Gerecht
- **Unbekanntes Selbst:** Verborgene Urteile
- **Denken:** Klar und logisch
- **Fühlen:** Ausgeglichen
- **Angstauslösend:** Ungerechtigkeit
- **Partnerschaft:** Gleichgewicht und Fairness
- **Liebe:** Gerechtigkeit und Harmonie

# VIII - Die Gerechtigkeit

- **Einstellung zur Umwelt:** Fair und ausgewogen

- **Umwelteinflüsse:** Ausgeglichenheit

- **Verträge:** Fair und gerecht

- **Traum:** Balance und Klarheit

- **Vergangene Einflüsse:** Erfahrungen von Gerechtigkeit und Ungerechtigkeit

- **Prägungen:** Streben nach Fairness und Ausgewogenheit

- **Gesundheit:** Nieren und Blase

- **Mittel zur Wiedergenesung:** Bachblüte Beech, Efeutee

- **Finanzen:** Fairer und gerechter Umgang

- **Bejahung:** "Ich lebe in Balance und handle stets gerecht und fair."

- **Edelstein:** Sodalith - fördert Klarheit und Wahrheit.

- **Ätherisches Öl:**
  **Einzelmittel**: Pfefferminze, Eukalyptus
  **Mischung**: Clarity

- **Mudra:** Anjali Mudra. Dieses Mudra fördert Gleichgewicht und Harmonie, indem es das Herzchakra aktiviert.

- **Anleitung:** Bringe die Handflächen vor deinem Herzen zusammen, die Finger sind nach oben gerichtet, die Daumen berühren das Brustbein leicht.

# Anjali Mudra: Die Geste des Respekts und der Verbundenheit

**Bedeutung:**
"Anjali" bedeutet auf Sanskrit "Gabe" oder "Geschenk"
"Mudra" bedeutet "Siegel" oder "Geste"
Es symbolisiert Respekt, Dankbarkeit und Ehrerbietung

**Ausführung:**
Die Handflächen werden vor der Brust zusammengebracht
Die Daumen berühren leicht das Brustbein auf Höhe des Herzens
Die Finger zeigen nach oben

**Anwendung:**
Als Begrüßungsgeste, oft begleitet vom Wort "Namaste"
In der Yoga-Praxis zu Beginn und Ende einer Übungseinheit
Als Meditationshaltung - Im Gebet oder als Ausdruck von Dankbarkeit

**Wirkungen und Vorteile:**
Fördert innere Ruhe und Ausgeglichenheit
Reduziert Stress - Verbessert die Konzentration und Achtsamkeit
Stärkt die Verbindung zwischen Körper und Geist - Bringt die linke und rechte Gehirnhälfte in Balance

**Spirituelle Bedeutung:**
Symbolisiert die Einheit von Körper, Geist und Seele
Drückt Respekt gegenüber sich selbst und anderen aus
Repräsentiert die Verbindung des individuellen Selbst mit dem Göttlichen

**Kulturelle Bedeutung:**
Weit verbreitet in Indien und Nepal als Grußgeste
Wird im indischen Tanz und in Yoga-Asanas verwendet

# Anjali Mudra: Die Geste des Respekts und der Verbundenheit

**Verbindung zum Herz-Chakra:**
Aktiviert und öffnet das Herz-Chakra
Fördert Mitgefühl, Liebe und Harmonie

Das Anjali Mudra ist eine vielseitige Geste, die sowohl in der Yoga-Praxis als auch im Alltag verwendet werden kann, um Achtsamkeit, Respekt und innere Balance zu fördern.

## Meditation:

- ☯ **Ziel:** Diese Meditation zielt darauf ab, innere Balance und Gerechtigkeit zu fördern, und die Fähigkeit zu stärken, fair und ausgeglichen zu handeln.

- ☯ **Dauer:** 15-30 Minuten

- ☯ **Ort:** Wähle einen ruhigen Ort, an dem du nicht gestört wirst.

- ☯ **Sitzhaltung:** Setze dich bequem in aufrechter Position auf einen Stuhl oder im Schneidersitz auf den Boden. Halte deinen Rücken gerade und deine Hände auf deinen Oberschenkeln. Wenn du den Stuhl gewählt hast, stelle beide Füße auf den Boden.

- ☯ **Anjali Mudra:** Bringe die Handflächen vor deinem Herzen zusammen, die Finger sind nach oben gerichtet, die Daumen berühren das Brustbein leicht.

- ☯ **Einstimmung:**
Schließe deine Augen und atme tief durch die Nase ein, halte kurz den Atem an und atme langsam durch den Mund aus. Wiederhole dies drei Mal.
Spüre, wie sich dein Körper entspannt und dein Geist ruhig wird.

- ☯ **Erdung:**
Richte deine Aufmerksamkeit auf die Verbindung deines Körpers mit dem Boden. Spüre die Stabilität und Erdung.
Visualisiere Wurzeln, die aus deinem Körper in die Erde wachsen und dir Halt und Stärke geben.

- ☯ **Herzöffnung:**
Richte deine Aufmerksamkeit auf deine Hände in der Anjali Mudra-Position. Spüre die Energie, die von deinen Händen ausgeht.
Visualisiere ein leuchtendes, grünes Licht, das aus deinen Händen strömt und dein Herzchakra öffnet und harmonisiert.

☯ **Balance und Gerechtigkeit:**
Stelle dir vor, dass dieses Licht deine Fähigkeit zur Balance und Gerechtigkeit aktiviert. Es durchdringt deinen gesamten Körper und füllt dich mit Klarheit und Ausgeglichenheit.
Wiederhole innerlich die Affirmation: "Ich lebe in Balance und handle stets gerecht und fair."

☯ **Visualisierung:**
Visualisiere dich selbst als Richter, der in einem Tempel der Gerechtigkeit sitzt. Sieh, wie du faire Entscheidungen triffst und für Ausgewogenheit sorgst.
Erlebe die Zufriedenheit und Erfüllung, die du empfindest, wenn du in Balance und Gerechtigkeit handelst.

☯ **Integration:**
Bleibe noch einige Minuten in dieser Visualisierung, während du die Energie und das Licht weiterhin spürst.
Atme tief ein und aus, und beginne langsam, deine Finger und Zehen zu bewegen, um in den gegenwärtigen Moment zurückzukehren.

☯ **Abschluss:**
Senke langsam deine Hände und lege sie entspannt auf deine Oberschenkel.
Öffne langsam deine Augen und nimm dir einen Moment Zeit, um die Ruhe und Energie in deinem Körper zu spüren.

☯ **Tagebuch:**
Nimm dir nach der Meditation einige Minuten Zeit, um deine Erfahrungen, Eindrücke und jede aufgetauchte Weisheit in ein Tagebuch zu schreiben. Reflektiere über die Visualisierungen und Gefühle, die während der Meditation aufkamen. Notiere dir besonders intuitive Eingebungen oder Botschaften, die dir wichtig erscheinen. Dieses Tagebuch kann dir helfen, deine innere Weisheit zu vertiefen und einen bewussteren Zugang zu deinen Fähigkeiten der Gerechtigkeit und Balance zu entwickeln.

# CHRONIK DER PERSÖNLICHEN ERLEBNISSE

# „Der Prophet des Ewigen"

Dieses Mudra (gleicht dem Jnana-Mudra beim Hierophant) unterstützt die Verbindung zu deinem höheren Selbst und fördert innere Ruhe.

# IX - Der Eremit

- **Element:** Erde
- **Tierkreiszeichen:** Jungfrau (Merkur)
- **Planet (Alchemie):** Merkur
- **Pflanze:** Lavendel
- **Tier:** Schildkröte
- **Bachblüte:** Water Violet
- **Karmischer Bezug:** Innere Suche und Erkenntnis
- **Künftige Entwicklung:** Weisheit und Selbsterkenntnis
- **Ich-Bewusstsein:** Selbstreflexion
- **Äußere Haltung:** Zurückgezogen
- **Innere Haltung:** Weisheitsuchend
- **Unbekanntes Selbst:** Verborgene Weisheit
- **Denken:** Analytisch und introspektiv
- **Fühlen:** Ruhig und gelassen
- **Angstauslösend:** Isolation
- **Partnerschaft:** Tiefe, reflektierende Beziehungen
- **Liebe:** Spirituelle Verbindung

# IX - Der Eremit

- **Einstellung zur Umwelt:** Reflexiv und beobachtend

- **Umwelteinflüsse:** Stille und Abgeschiedenheit

- **Verträge:** Überlegtes Handeln

- **Traum:** Suche nach innerer Wahrheit

- **Vergangene Einflüsse:** Rückzug und Selbstfindung

- **Prägungen:** Weisheit durch Einsamkeit

- **Gesundheit:** Verdauungssystem

- **Mittel zur Wiedergenesung:** Bachblüte Water Violet, Lavendeltee

- **Finanzen:** Besonnenes Management

- **Bejahung:** "Ich finde Weisheit und Klarheit in der Stille und im Rückzug."

- **Edelstein:** Amethyst - fördert innere Ruhe und spirituelle Einsicht.

- **Ätherisches Öl:**
  **Einzelmittel:** Palo Santo, Lavendel
  **Mischung:** Valor

- **Mudra:** Chin Mudra. Dieses Mudra unterstützt die Verbindung zu deinem höheren Selbst und fördert innere Ruhe.

- **Anleitung:** Berühre mit der Spitze des Zeigefingers die Spitze des Daumens, während die anderen drei Finger ausgestreckt bleiben. Die Handflächen zeigen nach oben.

# Chin Mudra: Die Geste des Bewusstseins und der Erkenntnis

❧ **Gemeinsamkeiten Chin Mudra und Jnana Mudra:**
Bei beiden Mudras berühren sich Daumen und Zeigefinger an den Spitzen, während die anderen drei Finger ausgestreckt bleiben.
Beide Mudras symbolisieren die Verbindung des individuellen Selbst (Zeigefinger) mit dem universellen Selbst oder Brahman (Daumen).
Beide werden häufig in Meditation und Yoga-Praxis eingesetzt.

❧ **Handposition:**
**Chin Mudra:** Die Handflächen zeigen nach oben.
**Jnana Mudra:** Die Handflächen zeigen nach unten.

❧ **Chin Mudra:** Gilt als aktivierend und empfangend. Die nach oben gerichteten Handflächen symbolisieren Offenheit für Energie und neue Erfahrungen.

❧ **Jnana Mudra:** Wird als erdend und nach innen gerichtet betrachtet. Die nach unten zeigenden Handflächen fördern Introversion und Selbstreflexion.

❧ **Chin Mudra:** Bedeutet "Geste des Bewusstseins" und fördert Achtsamkeit und Präsenz.

❧ **Jnana Mudra:** Wird als "Geste der Weisheit" oder "Geste des Wissens" bezeichnet und soll Weisheit und Einsicht fördern.

❧ **Subtile Unterschiede in der Fingerhaltung:**
Einige Quellen erwähnen, dass beim Chin Mudra der Zeigefinger das Daumengelenk berührt, während sich beim Jnana Mudra die Fingerspitzen berühren.

# Chin Mudra: Die Geste des Bewusstseins und der Erkenntnis

**Anwendung:**

In einigen meditativen Praktiken gibt es unterschiedliche Handhaltungen. Beim Chin Mudra berührt der Zeigefinger das Daumengelenk innen, während beim Jnana Mudra die Fingerspitzen zusammenkommen.

**Chin Mudra:** Oft in aktiveren Meditationen oder Pranayama-Übungen verwendet.

**Jnana Mudra:** Häufiger in stillen Meditationen und für tiefe Kontemplation eingesetzt.

# Meditation:

- ◐ **Ziel:** Diese Meditation zielt darauf ab, innere Weisheit zu erlangen, Klarheit zu finden und durch Rückzug und Stille zur Selbsterkenntnis zu gelangen.

- ◐ **Dauer:** 15-30 Minuten

- ◐ **Ort:** Wähle einen ruhigen Ort, an dem du nicht gestört wirst.

- ◐ **Sitzhaltung:** Setze dich bequem in aufrechter Position auf einen Stuhl oder im Schneidersitz auf den Boden. Halte deinen Rücken gerade und deine Hände auf deinen Oberschenkeln. Wenn du den Stuhl gewählt hast, stelle beide Füße auf den Boden.

- ◐ **Chin Mudra:** Berühre die Spitzen des Daumens und des Zeigefingers zusammen, während die anderen drei Finger ausgestreckt bleiben. Die Handflächen zeigen nach oben.

- ◐ **Einstimmung:**
Schließe deine Augen und atme tief durch die Nase ein, halte kurz den Atem an und atme langsam durch den Mund aus. Wiederhole dies drei Mal.
Spüre, wie sich dein Körper entspannt und dein Geist ruhig wird.

- ◐ **Erdung:**
Richte deine Aufmerksamkeit auf die Verbindung deines Körpers mit dem Boden. Spüre die Stabilität und Erdung.
Visualisiere Wurzeln, die aus deinem Körper in die Erde wachsen und dir Halt und Stärke geben.

- ◐ **Energieaktivierung:**
Richte deine Aufmerksamkeit auf deine Hände in der Chin Mudra-Position. Spüre die Energie, die von deinen Händen ausgeht.
Visualisiere ein leuchtendes, violettes Licht, das aus deinen Händen strömt und dich umhüllt.

- **☯ Innere Weisheit und Klarheit:**
Stelle dir vor, dass dieses Licht deine innere Weisheit und Klarheit aktiviert. Es durchdringt deinen gesamten Körper und füllt dich mit Ruhe und Erkenntnis.
Wiederhole innerlich die Affirmation: "Ich finde Weisheit und Klarheit in der Stille und im Rückzug."

- **☯ Visualisierung:**
Visualisiere dich selbst als Eremiten, der in einer ruhigen, abgeschiedenen Umgebung sitzt. Sieh, wie du in der Stille Weisheit und Klarheit findest.
Erlebe die Ruhe und Erfüllung, die du empfindest, wenn du in die Stille gehst und dich mit deinem höheren Selbst verbindest.

- **☯ Integration:**
Bleibe noch einige Minuten in dieser Visualisierung, während du die Energie und das Licht weiterhin spürst.
Atme tief ein und aus, und beginne langsam, deine Finger und Zehen zu bewegen, um in den gegenwärtigen Moment zurückzukehren.

- **☯ Abschluss:**
Senke langsam deine Hände und lege sie entspannt auf deine Oberschenkel.
Öffne langsam deine Augen und nimm dir einen Moment Zeit, um die Ruhe und Energie in deinem Körper zu spüren.

- **☯ Tagebuch:**
Nimm dir nach der Meditation einige Minuten Zeit, um deine Erfahrungen, Eindrücke und jede aufgetauchte Weisheit in ein Tagebuch zu schreiben. Reflektiere über die Visualisierungen und Gefühle, die während der Meditation aufkamen. Notiere dir besonders intuitive Eingebungen oder Botschaften, die dir wichtig erscheinen. Dieses Tagebuch kann dir helfen, deine innere Weisheit zu vertiefen und einen bewussteren Zugang zu deinen spirituellen Fähigkeiten zu entwickeln.

# CHRONIK DER PERSÖNLICHEN ERLEBNISSE

# „Der Herr der Lebenskräfte"

Dieses Mudra fördert tiefe Konzentration und Meditation, was hilft,
Veränderungen zu akzeptieren und Weisheit zu gewinnen

# X - Das Rad

- **Element:** Feuer

- **Tierkreiszeichen:** Jupiter (Schütze)

- **Planet (Alchemie):** Jupiter

- **Pflanze:** Eiche

- **Tier:** Adler

- **Bachblüte:** Scleranthus

- **Karmischer Bezug:** Schicksal und Veränderung

- **Künftige Entwicklung:** Anpassungsfähigkeit und Wachstum

- **Ich-Bewusstsein:** Flexibilität

- **Äußere Haltung:** Annehmend

- **Innere Haltung:** Weisheitsuchend

- **Unbekanntes Selbst:** Verborgene Chancen

- **Denken:** Anpassungsfähig

- **Fühlen:** Gelassen

- **Angstauslösend:** Unvorhersehbarkeit

- **Partnerschaft:** Veränderung und Wachstum

- **Liebe:** Anpassungsfähigkeit und Akzeptanz

# X - Das Rad

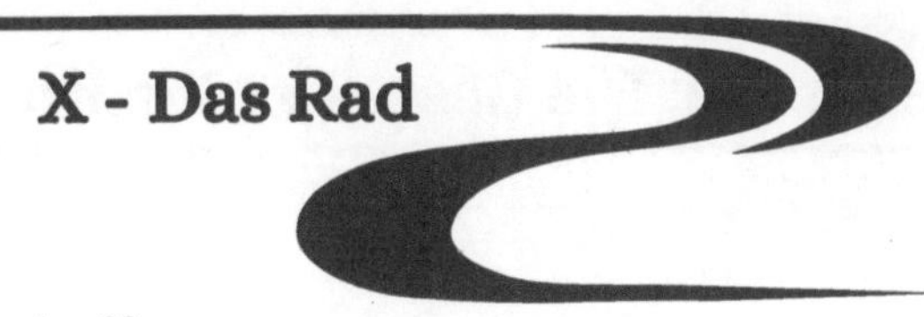

- **Einstellung zur Umwelt:** Flexibel und offen

- **Umwelteinflüsse:** Veränderungen und Zyklen

- **Verträge:** Anpassen an neue Bedingungen

- **Traum:** Akzeptanz und Veränderung

- **Vergangene Einflüsse:** Zyklen und Veränderungen

- **Prägungen:** Akzeptanz und Flexibilität

- **Gesundheit:** Leber und Gallenblase

- **Mittel zur Wiedergenesung:** Bachblüte Scleranthus, Eichenrindentee

- **Finanzen:** Anpassungsfähigkeit und kluge Entscheidungen

- **Bejahung:** "Ich akzeptiere die Zyklen des Lebens und nutze jede Veränderung zu meinem Vorteil."

- **Edelstein:** Türkis - fördert Veränderung und Schutz.

- **Ätherisches Öl:**
  **Einzelmittel:** Patchouli
  **Mischung:** Magnify your purpose

- **Mudra:** Dhyana Mudra. Dieses Mudra fördert tiefe Konzentration und Meditation, was hilft, Veränderungen zu akzeptieren und Weisheit zu gewinnen.

- **Anleitung:** Lege die Hände in deinen Schoß, die rechte Hand ruht auf der linken Hand, die Handflächen zeigen nach oben, und die Daumen berühren sich sanft.

# Dhyana Mudra: Die Geste der Meditation und inneren Ruhe

**Bedeutung:**
"Dhyana" bedeutet auf Sanskrit "Meditation" oder "Konzentration"
Es symbolisiert tiefe Meditation und Konzentration

**Ausführung:**
Setze dich in eine bequeme Meditationshaltung, meist im Lotussitz oder Halblotussitz
Lege beide Hände in den Schoß, Handflächen nach oben
Die rechte Hand liegt auf der linken Hand
Die Daumenspitzen berühren sich leicht und bilden einen ovalen Kreis

**Wirkungen und Vorteile:**
Fördert tiefe Meditation und Konzentration
Bringt innere Ruhe und Harmonie
Hilft, den Geist zu beruhigen und zu kontrollieren
Reduziert Stress, Angstzustände und Depressionen
Verbessert das Gedächtnis und steigert das Selbstvertrauen
Unterstützt die Entwicklung von Intuition und Einsicht

**Anwendung:**
Wird hauptsächlich in der Meditation verwendet
Kann 15-30 Minuten täglich praktiziert werden
Besonders hilfreich für Menschen, die unruhig oder reizbar sind

# Dhyana Mudra: Die Geste der Meditation und inneren Ruhe

**Spirituelle Bedeutung:**
Repräsentiert den Zustand der Erleuchtung
Symbolisiert die Einheit des Universums
In buddhistischen Traditionen weit verbreitet

**Variationen:**
Die Hände können auch oberhalb des Nabels gehalten werden, besonders für Menschen, die zur Schläfrigkeit neigen

Das Dhyana Mudra ist eine kraftvolle Geste, welche den Geist beruhigt und die Meditation vertieft. Es wird oft in buddhistischen Statuen dargestellt und ist in vielen spirituellen Traditionen ein wichtiges Element der Meditationspraxis.

# Meditation:

- **Ziel:** Diese Meditation zielt darauf ab, die Zyklen des Lebens zu akzeptieren, Weisheit aus Veränderungen zu gewinnen und Flexibilität zu entwickeln.

- **Dauer:** 15-30 Minuten

- **Ort:** Wähle einen ruhigen Ort, an dem du nicht gestört wirst.

- **Sitzhaltung:** Setze dich bequem in aufrechter Position auf einen Stuhl oder im Schneidersitz auf den Boden. Halte deinen Rücken gerade und deine Hände auf deinen Oberschenkeln. Wenn du den Stuhl gewählt hast, stelle beide Füße auf den Boden.

- **Dhyana Mudra:** Lege die Hände in deinen Schoß, die rechte Hand ruht auf der linken Hand, die Handflächen zeigen nach oben, und die Daumen berühren sich sanft.

- **Einstimmung:**
Schließe deine Augen und atme tief durch die Nase ein, halte kurz den Atem an und atme langsam durch den Mund aus. Wiederhole dies drei Mal.
Spüre, wie sich dein Körper entspannt und dein Geist ruhig wird.

- **Erdung:**
Richte deine Aufmerksamkeit auf die Verbindung deines Körpers mit dem Boden. Spüre die Stabilität und Erdung.
Visualisiere Wurzeln, die aus deinem Körper in die Erde wachsen und dir Halt und Stärke geben.

- **Energieaktivierung:**
Richte deine Aufmerksamkeit auf deine Hände in der Dhyana Mudra-Position. Spüre die Energie, die von deinen Händen ausgeht.
Visualisiere ein leuchtendes, blaues Licht, das aus deinen Händen strömt und dich umhüllt.

**☯ Akzeptanz und Weisheit:**

Stelle dir vor, dass dieses Licht deine Fähigkeit zur Akzeptanz und Weisheit aktiviert. Es durchdringt deinen gesamten Körper und füllt dich mit Ruhe und Erkenntnis.

Wiederhole innerlich die Affirmation: "Ich akzeptiere die Zyklen des Lebens und nutze jede Veränderung zu meinem Vorteil."

**☯ Visualisierung:**

Visualisiere dich selbst als Teil eines großen, sich drehenden Rades. Sieh, wie du dich mit den Veränderungen des Lebens im Einklang bewegst und jede neue Phase mit Weisheit und Flexibilität annimmst.

Erlebe die Ruhe und Erfüllung, die du empfindest, wenn du die Zyklen des Lebens akzeptierst und aus jeder Veränderung lernst.

**☯ Integration:**

Bleibe noch einige Minuten in dieser Visualisierung, während du die Energie und das Licht weiterhin spürst.

Atme tief ein und aus, und beginne langsam, deine Finger und Zehen zu bewegen, um in den gegenwärtigen Moment zurückzukehren.

**☯ Abschluss:**

Senke langsam deine Hände und lege sie entspannt auf deine Oberschenkel.

Öffne langsam deine Augen und nimm dir einen Moment Zeit, um die Ruhe und Energie in deinem Körper zu spüren.

**☯ Tagebuch:**

Nimm dir nach der Meditation einige Minuten Zeit, um deine Erfahrungen, Eindrücke und jede aufgetauchte Weisheit in ein Tagebuch zu schreiben. Reflektiere über die Visualisierungen und Gefühle, die während der Meditation aufkamen. Notiere dir besonders intuitive Eingebungen oder Botschaften, die dir wichtig erscheinen. Dieses Tagebuch kann dir helfen, deine Akzeptanz und Weisheit zu vertiefen und einen bewussteren Zugang zu deinen spirituellen Fähigkeiten zu entwickeln.

# CHRONIK DER PERSÖNLICHEN ERLEBNISSE

# „Die Tochter des flammendes Schwertes"

Dieses Mudra stärkt die innere Kraft und den Mut. wie das Ksepana Mudra beim Wagen.

# XI - Die Kraft

- **Element:** Feuer
- **Tierkreiszeichen:** Löwe (Sonne)
- **Planet (Alchemie):** Sonne
- **Pflanze:** Löwenzahn
- **Tier:** Löwe
- **Bachblüte:** Rock Rose
- **Karmischer Bezug:** Mut und innere Stärke
- **Künftige Entwicklung:** Selbstbewusstsein und Überwindung von Hindernissen
- **Ich-Bewusstsein:** Kraftvoll
- **Äußere Haltung:** Selbstbewusst
- **Innere Haltung:** Mutig
- **Unbekanntes Selbst:** Verborgene Stärke
- **Denken:** Entschlossen
- **Fühlen:** Zuversichtlich
- **Angstauslösend:** Schwäche
- **Partnerschaft:** Unterstützung und Stärke
- **Liebe:** Kraft und Hingabe

- **Einstellung zur Umwelt:** Dominant und selbstbewusst

- **Umwelteinflüsse:** Herausforderungen und Chancen

- **Verträge:** Entschlossenheit

- **Traum:** Überwindung von Ängsten

- **Vergangene Einflüsse:** Erfahrungen von Mut und Stärke

- **Prägungen:** Selbstbewusstsein und Kraft

- **Gesundheit:** Herz-Kreislaufsystem

- **Mittel zur Wiedergenesung:** Bachblüte Rock Rose, Löwenzahntee

- **Finanzen:** Selbstbewusstes Management

- **Bejahung:** "Ich finde innere Stärke und Mut, um alle Herausforderungen zu meistern."

- **Edelstein:** Citrin - fördert Selbstbewusstsein und innere Stärke.

- **Ätherisches Öl:**
  **Einzelmittel**: Ylang Ylang
  **Mischung**: Harmony

- **Mudra:** Kali Mudra: Dieses Mudra stärkt die innere Kraft und den Mut.

- **Anleitung:** Verschränke die Finger beider Hände und strecke die Zeigefinger gerade nach vorne aus. Die Daumen überkreuzen sich und liegen entspannt aufeinander.

# Kali Mudra: Die Geste der Transformation und inneren Stärke

**Bedeutung:**
Benannt nach der hinduistischen Göttin Kali, die für Zerstörung, Transformation und Überwindung des Dunklen steht
Symbolisiert Furchtlosigkeit, Empowerment und verborgene innere Kraft

**Ausführung:**
Verschränke die Finger beider Hände
Strecke die Zeigefinger beider Hände aus
Die Hände können im Schoß oder vor der Brust gehalten werden

**Wirkungen und Vorteile:**
Hilft negative Energien und alte Muster loszulassen
Fördert Erdung und Stabilität
Stärkt Mut und innere Kraft
Unterstützt bei Angstzuständen, Depressionen und Schlaflosigkeit
Kanalisiert Energie durch das Sushumna Nadi (zentraler Energiekanal)

**Anwendung:**
Kann in Meditation oder Yoga-Asanas praktiziert werden
Empfohlene Praxisdauer: 15-20 Minuten
Oft kombiniert mit tiefer Atmung im Verhältnis 1:2 (Einatmen : Ausatmen)

# Kali Mudra: Die Geste der Transformation und inneren Stärke

**Vorsichtsmaßnahmen:**
Menschen mit hohem Vata- oder Pitta-Dosha sollten vorsichtig sein
Nicht zu lange praktizieren, um Energieverlust zu vermeiden

**Visualisierung:**
Man kann sich vorstellen, am Ufer des heiligen Ganges zu sitzen und Negativität loszulassen

Das Kali Mudra ist eine kraftvolle Geste zur Transformation und Stärkung, das hilft, innere Stagnationen zu lösen und neue Möglichkeiten zu erschaffen.

# Meditation:

- **Ziel:** Diese Meditation zielt darauf ab, deine innere Stärke und deinen Mut zu aktivieren, um Herausforderungen zu überwinden und dein volles Potenzial zu entfalten.

- **Dauer:** 15-30 Minuten

- **Ort:** Wähle einen ruhigen Ort, an dem du nicht gestört wirst.

- **Sitzhaltung:** Setze dich bequem in aufrechter Position auf einen Stuhl oder im Schneidersitz auf den Boden. Halte deinen Rücken gerade und deine Hände auf deinen Oberschenkeln. Wenn du den Stuhl gewählt hast, stelle beide Füße auf den Boden.

- **Kali Mudra:** Verschränke die Finger beider Hände und strecke die Zeigefinger gerade nach vorne aus. Die Daumen überkreuzen sich und liegen entspannt aufeinander.

- **Einstimmung:**
  Schließe deine Augen und atme tief durch die Nase ein, halte kurz den Atem an und atme langsam durch den Mund aus. Wiederhole dies drei Mal.
  Spüre, wie sich dein Körper entspannt und dein Geist ruhig wird.

- **Erdung:**
  Richte deine Aufmerksamkeit auf die Verbindung deines Körpers mit dem Boden. Spüre die Stabilität und Erdung.
  Visualisiere Wurzeln, die aus deinem Körper in die Erde wachsen und dir Halt und Stärke geben.

- **Energieaktivierung:**
  Richte deine Aufmerksamkeit auf deine Hände in der Kali Mudra-Position. Spüre die Energie, die von deinen Händen ausgeht.
  Visualisiere ein leuchtendes, gelbes Licht, das aus deinen Händen strömt und dich umhüllt.

### ☯ Innere Stärke und Mut:

Stelle dir vor, dass dieses Licht deine innere Stärke und deinen Mut aktiviert. Es durchdringt deinen gesamten Körper und füllt dich mit Kraft und Zuversicht.

Wiederhole innerlich die Affirmation: "Ich finde innere Stärke und Mut, um alle Herausforderungen zu meistern."

### ☯ Visualisierung:

Visualisiere dich selbst als kraftvolle, starke Persönlichkeit, die Herausforderungen mit Mut und Entschlossenheit begegnet. Sieh, wie du Hindernisse überwindest und dein volles Potenzial entfaltest.

Erlebe die Zufriedenheit und Erfüllung, die du empfindest, wenn du deine innere Stärke und deinen Mut aktivierst.

### ☯ Integration:

Bleibe noch einige Minuten in dieser Visualisierung, während du die Energie und das Licht weiterhin spürst.

Atme tief ein und aus, und beginne langsam, deine Finger und Zehen zu bewegen, um in den gegenwärtigen Moment zurückzukehren.

### ☯ Abschluss:

Senke langsam deine Hände und lege sie entspannt auf deine Oberschenkel.

Öffne langsam deine Augen und nimm dir einen Moment Zeit, um die Ruhe und Energie in deinem Körper zu spüren.

### ☯ Tagebuch:

Nimm dir nach der Meditation einige Minuten Zeit, um deine Erfahrungen, Eindrücke und jede aufgetauchte Weisheit in ein Tagebuch zu schreiben. Reflektiere über die Visualisierungen und Gefühle, die während der Meditation aufkamen. Notiere dir besonders intuitive Eingebungen oder Botschaften, die dir wichtig erscheinen. Dieses Tagebuch kann dir helfen, deine innere Stärke und deinen Mut zu vertiefen und einen bewussteren Zugang zu deinen Fähigkeiten zu entwickeln.

# CHRONIK DER PERSÖNLICHEN ERLEBNISSE

# „Der Herr der Herrscher der Mächtigen"

Dieses Mudra hilft, emotionale Anker zu lösen und den Fluss der Lebensenergie zu fördern.

# XII - Der Gehängte

- **Element:** Wasser
- **Tierkreiszeichen:** Neptun (Fische)
- **Planet (Alchemie):** Neptun
- **Pflanze:** Weide
- **Tier:** Chamäleon
- **Bachblüte:** Willow
- **Karmischer Bezug:** Loslassen und Transformation
- **Künftige Entwicklung:** Neue Perspektiven und innerer Frieden
- **Ich-Bewusstsein:** Vertrauensvoll
- **Äußere Haltung:** Gelassen
- **Innere Haltung:** Loslassend
- **Unbekanntes Selbst:** Verborgene Einsichten
- **Denken:** Flexibel und anpassungsfähig
- **Fühlen:** Ruhig und gelassen
- **Angstauslösend:** Kontrollverlust
- **Partnerschaft:** Vertrauen und Wandel
- **Liebe:** Akzeptanz und Gelassenheit

# XII - Der Gehängte

- **Einstellung zur Umwelt:** Anpassungsfähig und fließend

- **Umwelteinflüsse:** Veränderung und Anpassung

- **Verträge:** Flexibilität

- **Traum:** Loslassen und neue Perspektiven

- **Vergangene Einflüsse:** Erfahrungen des Loslassens

- **Prägungen:** Transformation und Vertrauen

- **Gesundheit:** Immunsystem und Lymphsystem

- **Mittel zur Wiedergenesung:** Bachblüte Willow, Weidentee

- **Finanzen:** Anpassungsfähigkeit und kluge Entscheidungen

- **Bejahung:** "Ich vertraue dem Fluss des Lebens und lasse los, um neue Perspektiven zu gewinnen."

- **Edelstein:** Obsidian - fördert Transformation und Schutz.

- **Ätherisches Öl:**
  **Einzelmittel**: Melisse
  **Mischung**: Release

- **Mudra:** Varuna Mudra: Dieses Mudra hilft, emotionale Anker zu lösen und den Fluss der Lebensenergie zu fördern.

- **Anleitung:** Berühre die Spitze des kleinen Fingers mit der Spitze des Daumens, während die anderen drei Finger ausgestreckt bleiben.

# Varuna Mudra: Die Geste des Wassers und der emotionalen Balance

**Bedeutung:**
Benannt nach Varuna, dem hinduistischen Gott des Wassers
Symbolisiert das Wasserelement und dessen harmonisierende Kräfte

**Ausführung:**
Berühre die Fingerspitzen des Daumens und des kleinen Fingers derselben Hand
Die übrigen Finger werden sanft gestreckt
Kann mit beiden Händen gleichzeitig ausgeführt werden

**Wirkungen und Vorteile:**
Harmonisiert das Sakralchakra (Nabelchakra)
Aktiviert und reguliert das Wasserelement im Körper
Hilft bei Nierenproblemen, trockener Haut, Mundtrockenheit und geröteten Augen
Fördert emotionales Loslassen und verbessert den Zugang zu Gefühlen
Unterstützt bei der Harmonisierung des Wasserhaushalts im Körper

**Anwendung:**
Kann in Meditationen oder Yoga-Übungen praktiziert werden
Hilfreich beim Gehen oder in Situationen, in denen man Zugang zu seinen Gefühlen finden möchte
Nützlich in der Psychotherapie, um den Zugang zu Emotionen zu erleichtern

# Varuna Mudra: Die Geste des Wassers und der emotionalen Balance

**Energetische Wirkung:**
Beruhigt übermäßiges Pitta (Feuer-Element) im Körper
Fördert das Fließen von Energie und Emotionen

**Variationen:**
Die Position des kleinen Fingers am Daumen kann variiert werden, um verschiedene Chakren anzusprechen.

Das Varuna Mudra ist besonders hilfreich, um innere Anker zu lösen, den emotionalen Fluss zu fördern und das Wasserelement im Körper zu harmonisieren.

# Meditation:

- **Ziel:** Diese Meditation zielt darauf ab, Vertrauen zu entwickeln, loszulassen und durch neue Perspektiven inneren Frieden und Einsicht zu gewinnen.

- **Dauer:** 15-30 Minuten

- **Ort:** Wähle einen ruhigen Ort, an dem du nicht gestört wirst.

- **Sitzhaltung:** Setze dich bequem in aufrechter Position auf einen Stuhl oder im Schneidersitz auf den Boden. Halte deinen Rücken gerade und deine Hände auf deinen Oberschenkeln. Wenn du den Stuhl gewählt hast, stelle beide Füße auf den Boden.

- **Varuna Mudra:** Berühre die Spitze des kleinen Fingers mit der Spitze des Daumens, während die anderen drei Finger ausgestreckt bleiben.

- **Einstimmung:**
Schließe deine Augen und atme tief durch die Nase ein, halte kurz den Atem an und atme langsam durch den Mund aus. Wiederhole dies drei Mal.
Spüre, wie sich dein Körper entspannt und dein Geist ruhig wird.

- **Erdung:**
Richte deine Aufmerksamkeit auf die Verbindung deines Körpers mit dem Boden. Spüre die Stabilität und Erdung.
Visualisiere Wurzeln, die aus deinem Körper in die Erde wachsen und dir Halt und Stärke geben.

- **Energieaktivierung:**
Richte deine Aufmerksamkeit auf deine Hände in der Varuna Mudra-Position. Spüre die Energie, die von deinen Händen ausgeht.
Visualisiere ein leuchtendes, blaues Licht, das aus deinen Händen strömt und dich umhüllt.

☯ **Vertrauen und Loslassen:**
Stelle dir vor, dass dieses Licht dein Vertrauen und deine Fähigkeit zum Loslassen
aktiviert. Es durchdringt deinen gesamten Körper und füllt dich mit Ruhe und
Gelassenheit.
Wiederhole innerlich die Affirmation: "Ich vertraue dem Fluss des Lebens und lasse los,
um neue Perspektiven zu gewinnen."

☯ **Visualisierung:**
Visualisiere dich selbst in einer ruhigen, friedlichen Umgebung, in der du dich sicher
und geborgen fühlst. Sieh, wie du loslässt und dem Fluss des Lebens vertraust, während
du neue Perspektiven gewinnst.
Erlebe die Ruhe und Erfüllung, die du empfindest, wenn du loslässt und dich dem Fluss
des Lebens anvertraust.

☯ **Integration:**
Bleibe noch einige Minuten in dieser Visualisierung, während du die Energie und das
Licht weiterhin spürst.
Atme tief ein und aus, und beginne langsam, deine Finger und Zehen zu bewegen, um in
den gegenwärtigen Moment zurückzukehren.

☯ **Abschluss:**
Senke langsam deine Hände und lege sie entspannt auf deine Oberschenkel.
Öffne langsam deine Augen und nimm dir einen Moment Zeit, um die Ruhe und Energie
in deinem Körper zu spüren.

☯ **Tagebuch**
Nimm dir nach der Meditation einige Minuten Zeit, um deine Erfahrungen, Eindrücke
und jede aufgetauchte Weisheit in ein Tagebuch zu schreiben. Reflektiere über die
Visualisierungen und Gefühle, die während der Meditation aufkamen. Notiere dir
besonders intuitive Eingebungen oder Botschaften, die dir wichtig erscheinen. Dieses
Tagebuch kann dir helfen, dein Vertrauen und deine Fähigkeit zum Loslassen zu
vertiefen und einen bewussteren Zugang zu deinen spirituellen Fähigkeiten zu
entwickeln.

# CHRONIK DER PERSÖNLICHEN ERLEBNISSE

# „Das Kind der großen Veränderer"

Dieses Mudra hilft, Geduld und Disziplin zu entwickeln, um Veränderungen und Transformationen zu akzeptieren.

# XIII - Der Tod

- ☯ **Element:** Wasser

- ☯ **Tierkreiszeichen:** Skorpion (Pluto)

- ☯ **Planet (Alchemie):** Pluto

- ☯ **Pflanze:** Zypresse

- ☯ **Tier:** Phönix

- ☯ **Bachblüte:** Walnut

- ☯ **Karmischer Bezug:** Transformation und Erneuerung

- ☯ **Künftige Entwicklung:** Loslassen und Neubeginn

- ☯ **Ich-Bewusstsein:** Transformierend

- ☯ **Äußere Haltung:** Annehmend

- ☯ **Innere Haltung:** Erneuernd

- ☯ **Unbekanntes Selbst:** Verborgene Stärken

- ☯ **Denken:** Tief und introspektiv

- ☯ **Fühlen:** Akzeptierend

- ☯ **Angstauslösend:** Veränderung

- ☯ **Partnerschaft:** Wandel und Wachstum

- ☯ **Liebe:** Tiefgründig und transformierend

- ☯ **Einstellung zur Umwelt:** Akzeptierend und anpassungsfähig

- ☯ **Umwelteinflüsse:** Veränderungen und Zyklen

- ☯ **Verträge:** Erneuerung und Wandel

- ☯ **Traum:** Transformation und Neubeginn

- ☯ **Vergangene Einflüsse:** Erfahrungen des Loslassens

- ☯ **Prägungen:** Transformation und Erneuerung

- ☯ **Gesundheit:** Fortpflanzungssystem

- ☯ **Mittel zur Wiedergenesung:** Bachblüte Walnut, Zypressenöl

- ☯ **Finanzen:** Wandel und Anpassung

- ☯ **Bejahung:** "Ich akzeptiere den Wandel und die Transformation in meinem Leben."

- ☯ **Edelstein:** Onyx - fördert Stärke und Schutz während Transformationsprozessen.

- ☯ **Ätherisches Öl:**
  **Einzelmittel:** Palo Santo
  **Mischung:** Journey on, Forgiveness

- ☯ **Mudra:** Shuni Mudra: Dieses Mudra hilft, Geduld und Disziplin zu entwickeln, um Veränderungen und Transformationen zu akzeptieren.

- ☯ **Anleitung:** Berühre die Spitze des Mittelfingers mit der Spitze des Daumens, während die anderen drei Finger ausgestreckt bleiben.

# Shuni Mudra: Das Siegel der Geduld und inneren Leere

**Bedeutung:**
"Shuni" kommt vom Sanskritwort "Shunya", was "Leere" bedeutet
Auch bekannt als "Siegel der Leere" oder "Geste der Geduld und Disziplin"

**Ausführung:**
Berühre die Spitze des Mittelfingers mit der Spitze des Daumens
Die anderen Finger bleiben gestreckt
Kann mit einer oder beiden Händen ausgeführt werden

**Wirkungen und Vorteile:**
Fördert innere Ruhe und Gelassenheit
Hilft, sich von Verpflichtungen und negativen Gedanken zu lösen
Unterstützt beim Loslassen und "Leer-Werden"
Verbessert Konzentration und Fokus
Stärkt Geduld und Disziplin

**Anwendung:**
Oft als Einstieg in die Meditation verwendet
Kann mit Affirmationen kombiniert werden, z.B. "Ich mache mich leer und komme in den gegenwärtigen Moment"
Hilfreich in stressigen Situationen, um zur Ruhe zu kommen

# Shuni Mudra: Das Siegel der Geduld und inneren Leere

**Energetische Wirkung:**
Harmonisiert das Äther-Element im Körper
Aktiviert das Halschakra (Vishuddha)

**Variationen:**
Die Position der Finger kann leicht variiert werden.

Das Shuni Mudra ist eine kraftvolle Geste, um innere Ruhe zu finden, sich zu zentrieren und negative Gedanken loszulassen. Es eignet sich besonders gut als Vorbereitung für die Meditation oder in Momenten, in denen man Klarheit und Fokus benötigt.

# Meditation:

🌓 **Ziel:** Diese Meditation zielt darauf ab, die Akzeptanz von Veränderung und Transformation zu fördern, sowie den Prozess des Loslassens und der Erneuerung zu unterstützen.

🌓 **Dauer:** 15-30 Minuten

🌓 **Ort:** Wähle einen ruhigen Ort, an dem du nicht gestört wirst.

🌓 **Sitzhaltung:** Setze dich bequem in aufrechter Position auf einen Stuhl oder im Schneidersitz auf den Boden. Halte deinen Rücken gerade und deine Hände auf deinen Oberschenkeln. Wenn du den Stuhl gewählt hast, stelle beide Füße auf den Boden.

🌓 **Shuni Mudra:** Berühre die Spitze des Mittelfingers mit der Spitze des Daumens, während die anderen drei Finger ausgestreckt bleiben.

🌓 **Einstimmung:**
Schließe deine Augen und atme tief durch die Nase ein, halte kurz den Atem an und atme langsam durch den Mund aus. Wiederhole dies drei Mal.
Spüre, wie sich dein Körper entspannt und dein Geist ruhig wird.

🌓 **Erdung:**
Richte deine Aufmerksamkeit auf die Verbindung deines Körpers mit dem Boden. Spüre die Stabilität und Erdung.
Visualisiere Wurzeln, die aus deinem Körper in die Erde wachsen und dir Halt und Stärke geben.

🌓 **Energieaktivierung:**
Richte deine Aufmerksamkeit auf deine Hände in der Shuni Mudra-Position. Spüre die Energie, die von deinen Händen ausgeht.
Visualisiere ein leuchtendes, schwarzes Licht, das aus deinen Händen strömt und dich umhüllt.

☯ **Akzeptanz und Transformation:**
Stelle dir vor, dass dieses Licht deine Fähigkeit zur Akzeptanz und Transformation aktiviert. Es durchdringt deinen gesamten Körper und füllt dich mit Ruhe und Gelassenheit.
Wiederhole innerlich die Affirmation: "Ich akzeptiere den Wandel und die Transformation in meinem Leben."

☯ **Visualisierung:**
Visualisiere dich selbst in einem dunklen, ruhigen Raum, in dem du sicher und geborgen bist. Sieh, wie du alte Muster und Gedanken loslässt und Platz für Neues schaffst.
Erlebe die Ruhe und Erfüllung, die du empfindest, wenn du Veränderungen und Transformationen in deinem Leben akzeptierst.

☯ **Integration:**
Bleibe noch einige Minuten in dieser Visualisierung, während du die Energie und das Licht weiterhin spürst.
Atme tief ein und aus, und beginne langsam, deine Finger und Zehen zu bewegen, um in den gegenwärtigen Moment zurückzukehren.

☯ **Abschluss:**
Senke langsam deine Hände und lege sie entspannt auf deine Oberschenkel.
Öffne langsam deine Augen und nimm dir einen Moment Zeit, um die Ruhe und Energie in deinem Körper zu spüren.

☯ **Tagebuch:**
Nimm dir nach der Meditation einige Minuten Zeit, um deine Erfahrungen, Eindrücke und jede aufgetauchte Weisheit in ein Tagebuch zu schreiben. Reflektiere über die Visualisierungen und Gefühle, die während der Meditation aufkamen. Notiere dir besonders intuitive Eingebungen oder Botschaften, die dir wichtig erscheinen. Dieses Tagebuch kann dir helfen, deine Akzeptanz und deine Fähigkeit zur Transformation zu vertiefen und einen bewussteren Zugang zu deinen spirituellen Fähigkeiten zu entwickeln.

# CHRONIK DER PERSÖNLICHEN ERLEBNISSE

# „Die Tochter der Versöhner"

Dieses Mudra stärkt die Lebensenergie und fördert das Gleichgewicht.

- **Element:** Feuer

- **Tierkreiszeichen:** Schütze (Jupiter)

- **Planet (Alchemie):** Jupiter

- **Pflanze:** Baldrian

- **Tier:** Reiher

- **Bachblüte:** Olive

- **Karmischer Bezug:** Ausgeglichenheit und Harmonie

- **Künftige Entwicklung:** Balance und innerer Frieden

- **Ich-Bewusstsein:** Harmonisch

- **Äußere Haltung:** Gelassen

- **Innere Haltung:** Ausgeglichen

- **Unbekanntes Selbst:** Verborgene Harmonie

- **Denken:** Ruhig und klar

- **Fühlen:** Friedlich

- **Angstauslösend:** Unausgeglichenheit

- **Partnerschaft:** Harmonie und Balance

- **Liebe:** Gleichgewicht und Verständnis

# XIV - Die Mäßigkeit

- **Einstellung zur Umwelt:** Akzeptierend und anpassungsfähig

- **Umwelteinflüsse:** Ausgleich und Ruhe

- **Verträge:** Fairness und Gleichgewicht

- **Traum:** Harmonie und Frieden

- **Vergangene Einflüsse:** Erfahrungen von Balance und Disbalance

- **Prägungen:** Streben nach Ausgeglichenheit

- **Gesundheit:** Stoffwechsel und Hormonsystem

- **Mittel zur Wiedergenesung:** Bachblüte Olive, Baldriantee

- **Finanzen:** Ausgeglichenes Management

- **Bejahung:** "Ich lebe in Harmonie und finde Balance in allen Bereichen meines Lebens."

- **Edelstein:** Amethyst - fördert inneren Frieden und Ausgeglichenheit.

- **Ätherisches Öl:**
  **Einzelmittel:** Northern Light black sprue, Idaho blue sprue - Fichte
  **Mischung:** White Angel

- **Mudra:** Pran Mudra: Dieses Mudra stärkt die Lebensenergie und fördert das Gleichgewicht.

- **Anleitung:** Berühre die Spitzen des Daumens mit den Spitzen des Ringfingers und des kleinen Fingers, während die anderen zwei Finger ausgestreckt bleiben.

# Pran Mudra: Die Geste der Lebensenergie und Vitalität

**☯ Bedeutung:**
 "Prana" bedeutet auf Sanskrit "Lebensenergie"
Symbolisiert die Aktivierung und Stärkung der Lebensenergie

**☯ Ausführung:**
Berühre die Spitzen des Ringfingers und des kleinen Fingers mit der Spitze des Daumens
Zeige- und Mittelfinger bleiben gestreckt
Kann mit einer oder beiden Händen ausgeführt werden

**☯ Wirkungen und Vorteile:**
Aktiviert ruhende Energien im Körper
Reduziert Müdigkeit und innere Nervosität
Stärkt die allgemeine Vitalität und das Immunsystem
Fördert Durchhaltevermögen und Durchsetzungskraft
Verbessert die Sehkraft
Kann erhöhten Blutdruck senken

**☯ Anwendung:**
Ideal für Meditation und Yoga-Übungen
Kann im Sitzen, Stehen oder Gehen praktiziert werden
Empfohlene Praxisdauer: 15-30 Minuten täglich

# Pran Mudra: Die Geste der Lebensenergie und Vitalität

**Energetische Wirkung:**
Aktiviert das Wurzelchakra (Muladhara)
Fördert Erdung und Stabilität

**Variationen:**
Der Daumen kann auch den mittleren Abschnitt des kleinen Fingers und Ringfingers berühren

Das Pran Mudra gilt als eines der wichtigsten Mudras zur Aktivierung und Stärkung der Lebensenergie. Es eignet sich besonders gut, wenn man sich müde oder energielos fühlt und neue Kraft tanken möchte.

# Meditation:

- **Ziel:** Diese Meditation zielt darauf ab, innere Harmonie und Ausgeglichenheit zu fördern, sowie das Gleichgewicht zwischen Körper, Geist und Seele zu stärken.

- **Dauer:** 15-30 Minuten

- **Ort:** Wähle einen ruhigen Ort, an dem du nicht gestört wirst.

- **Sitzhaltung:** Setze dich bequem in aufrechter Position auf einen Stuhl oder im Schneidersitz auf den Boden. Halte deinen Rücken gerade und deine Hände auf deinen Oberschenkeln. Wenn du den Stuhl gewählt hast, stelle beide Füße auf den Boden.

- **Pran Mudra:** Berühre die Spitze des Daumens mit den Spitzen des Ringfingers und des kleinen Fingers, während die anderen zwei Finger ausgestreckt bleiben.

- **Einstimmung:**
  Schließe deine Augen und atme tief durch die Nase ein, halte kurz den Atem an und atme langsam durch den Mund aus. Wiederhole dies drei Mal.
  Spüre, wie sich dein Körper entspannt und dein Geist ruhig wird.

- **Erdung:**
  Richte deine Aufmerksamkeit auf die Verbindung deines Körpers mit dem Boden. Spüre die Stabilität und Erdung.
  Visualisiere Wurzeln, die aus deinem Körper in die Erde wachsen und dir Halt und Stärke geben.

- **Energieaktivierung:**
  Richte deine Aufmerksamkeit auf deine Hände in der Pran Mudra-Position. Spüre die Energie, die von deinen Händen ausgeht.
  Visualisiere ein leuchtendes, violettes Licht, das aus deinen Händen strömt und dich umhüllt.

☯ **Innere Harmonie und Ausgeglichenheit:**
Stelle dir vor, dass dieses Licht deine Fähigkeit zur inneren Harmonie und Ausgeglichenheit aktiviert. Es durchdringt deinen gesamten Körper und füllt dich mit Ruhe und Gelassenheit.
Wiederhole innerlich die Affirmation: "Ich lebe in Harmonie und finde Balance in allen Bereichen meines Lebens."

☯ **Visualisierung:**
Visualisiere dich selbst in einer ruhigen, friedlichen Umgebung, in der du in Harmonie und Balance lebst. Sieh, wie du alle Aspekte deines Lebens in Einklang bringst und innere Ruhe findest.
Erlebe die Zufriedenheit und Erfüllung, die du empfindest, wenn du in Harmonie und Ausgeglichenheit lebst.

☯ **Integration:**
Bleibe noch einige Minuten in dieser Visualisierung, während du die Energie und das Licht weiterhin spürst.
Atme tief ein und aus, und beginne langsam, deine Finger und Zehen zu bewegen, um in den gegenwärtigen Moment zurückzukehren.

☯ **Abschluss:**
Senke langsam deine Hände und lege sie entspannt auf deine Oberschenkel.
Öffne langsam deine Augen und nimm dir einen Moment Zeit, um die Ruhe und Energie in deinem Körper zu spüren.

☯ **Tagebuch:**
Nimm dir nach der Meditation einige Minuten Zeit, um deine Erfahrungen, Eindrücke und jede aufgetauchte Weisheit in ein Tagebuch zu schreiben. Reflektiere über die Visualisierungen und Gefühle, die während der Meditation aufkamen. Notiere dir besonders intuitive Eingebungen oder Botschaften, die dir wichtig erscheinen. Dieses Tagebuch kann dir helfen, deine innere Harmonie und Ausgeglichenheit zu vertiefen und einen bewussteren Zugang zu deinen spirituellen Fähigkeiten zu entwickeln.

# CHRONIK DER PERSÖNLICHEN ERLEBNISSE

# „Der Herr der Pforten der Materie"

Dieses Mudra unterstützt die Reinigung und Entgiftung,
was hilft, negative Energien loszulassen.

# XV - Der Teufel

- **Element:** Erde
- **Tierkreiszeichen:** Steinbock (Saturn)
- **Planet (Alchemie):** Saturn
- **Pflanze:** Schwarzer Holunder
- **Tier:** Ziegenbock
- **Bachblüte:** Vine
- **Karmischer Bezug:** Schattenarbeit und Transformation
- **Künftige Entwicklung:** Freiheit und Klarheit
- **Ich-Bewusstsein:** Erkennend
- **Äußere Haltung:** Konfrontierend
- **Innere Haltung:** Transformierend
- **Unbekanntes Selbst:** Verborgene Schattenseiten
- **Denken:** Analytisch und tiefgründig
- **Fühlen:** Intensiv
- **Angstauslösend:** Kontrollverlust und Negativität
- **Partnerschaft:** Konfrontation und Wachstum
- **Liebe:** Tiefe und Transformation

# XV - Der Teufel

- **Einstellung zur Umwelt:** Konfrontierend und transformierend

- **Umwelteinflüsse:** Herausforderungen und Schattenarbeit

- **Verträge:** Transformation und Erneuerung

- **Traum:** Schattenseiten erkennen und überwinden

- **Vergangene Einflüsse:** Erfahrungen mit Negativität und Transformation

- **Prägungen:** Schattenarbeit und innere Freiheit

- **Gesundheit:** Verdauungssystem und Knochen

- **Mittel zur Wiedergenesung:** Bachblüte Vine, Holundertee

- **Finanzen:** Kontrolle und Transformation

- **Bejahung:** "Ich erkenne und überwinde meine Schattenseiten und finde Freiheit."

- **Edelstein:** Obsidian - fördert die Aufdeckung und Transformation negativer Energien.

- **Ätherisches Öl:**
  **Einzelmittel:** Pfefferminze, Teebaum
  **Mischung:** Sara, Gentle Baby

- **Mudra:** Apana Mudra: Dieses Mudra unterstützt die Reinigung und Entgiftung, was hilft, negative Energien loszulassen.

- **Anleitung:** Berühre die Spitze des Daumens mit den Spitzen des Mittelfingers und des Ringfingers, während die anderen zwei Finger ausgestreckt bleiben.

# Apana Mudra: Das Mudra der Reinigung und Entgiftung

**Bedeutung:**
"Apana" bezieht sich auf die nach unten gerichtete Energie im Körper
Symbolisiert Reinigung, Entgiftung und Ausscheidung

**Ausführung:**
Berühre die Spitze des Daumens mit den Spitzen des Mittel- und Ringfingers
Zeigefinger und kleiner Finger bleiben gestreckt
Die Handfläche zeigt nach oben
Kann mit einer oder beiden Händen ausgeführt werden

**Wirkungen und Vorteile:**
Fördert Entgiftungs- und Reinigungsprozesse im Körper
Hilft bei Nieren- und Darmproblemen
Unterstützt die Ausscheidungsfunktionen
Reinigt die Lunge während des Ausatmens
Fördert emotionale Befreiung und Loslassen
Kann bei Menstruationsbeschwerden helfen

**Anwendung:**
Kann in jeder Sitzhaltung während der Meditation ausgeführt werden
Auch im Stehen oder Liegen möglich
Empfohlene Praxisdauer: 10-15 Minuten täglich

# Apana Mudra: Das Mudra der Reinigung und Entgiftung

**Energetische Wirkung:**
Harmonisiert die Elemente Feuer, Äther und Erde im Körper
Aktiviert das Solarplexuschakra

**Variationen:**
Zur Stärkung des Solarplexuschakras: Halte die Hände horizontal in Höhe des Solarplexus

Das Apana Mudra ist besonders hilfreich für Menschen, die ihre innere Reinigung unterstützen und Entgiftungsprozesse fördern möchten. Es kann auch zur emotionalen Reinigung und zum Loslassen alter Muster eingesetzt werden.

# Meditation:

- **Ziel:** Diese Meditation zielt darauf ab, negative Energien und Bindungen zu erkennen und zu transformieren, um innere Freiheit und Klarheit zu erlangen.

- **Dauer:** 15-30 Minuten

- **Ort:** Wähle einen ruhigen Ort, an dem du nicht gestört wirst.

- **Sitzhaltung:** Setze dich bequem in aufrechter Position auf einen Stuhl oder im Schneidersitz auf den Boden. Halte deinen Rücken gerade und deine Hände auf deinen Oberschenkeln. Wenn du den Stuhl gewählt hast, stelle beide Füße auf den Boden.

- **Apana Mudra:** Berühre die Spitze des Daumens mit den Spitzen des Mittelfingers und des Ringfingers, während die anderen zwei Finger ausgestreckt bleiben.

- **Einstimmung:**
Schließe deine Augen und atme tief durch die Nase ein, halte kurz den Atem an und atme langsam durch den Mund aus. Wiederhole dies drei Mal.
Spüre, wie sich dein Körper entspannt und dein Geist ruhig wird.

- **Erdung:**
Richte deine Aufmerksamkeit auf die Verbindung deines Körpers mit dem Boden. Spüre die Stabilität und Erdung.
Visualisiere Wurzeln, die aus deinem Körper in die Erde wachsen und dir Halt und Stärke geben.

- **Energieaktivierung:**
Richte deine Aufmerksamkeit auf deine Hände in der Apana Mudra-Position. Spüre die Energie, die von deinen Händen ausgeht.
Visualisiere ein leuchtendes, rotes Licht, das aus deinen Händen strömt und dich umhüllt.

**☯ Erkennen und Loslassen negativer Energien:**
Stelle dir vor, dass dieses Licht deine Fähigkeit aktiviert, negative Energien und Bindungen zu erkennen und zu transformieren. Es durchdringt deinen gesamten Körper und füllt dich mit Klarheit und Freiheit.
Wiederhole innerlich die Affirmation: "Ich erkenne und überwinde meine Schattenseiten und finde Freiheit."

**☯ Visualisierung:**
Visualisiere dich selbst in einer sicheren, ruhigen Umgebung, in der du deine negativen Energien und Bindungen loslässt und transformierst. Sieh, wie du dich von allem Negativen befreist und innere Freiheit erlangst.
Erlebe die Ruhe und Erfüllung, die du empfindest, wenn du deine Schattenseiten erkennst und überwindest.

**☯ Integration:**
Bleibe noch einige Minuten in dieser Visualisierung, während du die Energie und das Licht weiterhin spürst.
Atme tief ein und aus, und beginne langsam, deine Finger und Zehen zu bewegen, um in den gegenwärtigen Moment zurückzukehren.

**☯ Abschluss:**
Senke langsam deine Hände und lege sie entspannt auf deine Oberschenkel.
Öffne langsam deine Augen und nimm dir einen Moment Zeit, um die Ruhe und Energie in deinem Körper zu spüren.

**☯ Tagebuch:**
Nimm dir nach der Meditation einige Minuten Zeit, um deine Erfahrungen, Eindrücke und jede aufgetauchte Weisheit in ein Tagebuch zu schreiben. Reflektiere über die Visualisierungen und Gefühle, die während der Meditation aufkamen. Notiere dir besonders intuitive Eingebungen oder Botschaften, die dir wichtig erscheinen. Dieses Tagebuch kann dir helfen, deine Schattenseiten zu erkennen und zu transformieren und einen bewussteren Zugang zu deinen spirituellen Fähigkeiten zu entwickeln.

# CHRONIK DER PERSÖNLICHEN ERLEBNISSE

# „Der Geist der mächtigen Wasser"

Dieses Mudra hilft, das Feuer zu löschen und Transformation zu unterstützen.

# XVI - Der Turm

- **Element:** Feuer
- **Tierkreiszeichen:** Mars (Widder und Skorpion)
- **Planet (Alchemie):** Mars
- **Pflanze:** Brennnessel
- **Tier:** Skorpion
- **Bachblüte:** Cherry Plum
- **Karmischer Bezug:** Plötzliche Veränderungen und Transformation
- **Künftige Entwicklung:** Stabilität und Wachstum durch Umbrüche
- **Ich-Bewusstsein:** Transformierend
- **Äußere Haltung:** Annehmend
- **Innere Haltung:** Veränderungsbereit
- **Unbekanntes Selbst:** Verborgene Stärke und Resilienz
- **Denken:** Flexibel und anpassungsfähig
- **Fühlen:** Ruhig und stabil
- **Angstauslösend:** Kontrollverlust und Unsicherheit
- **Partnerschaft:** Anpassung und Wachstum
- **Liebe:** Transformation und Tiefe

# XVI - Der Turm

- **Einstellung zur Umwelt:** Anpassungsfähig und offen

- **Umwelteinflüsse:** Veränderungen und Herausforderungen

- **Verträge:** Transformation und Anpassung

- **Traum:** Akzeptanz und Transformation

- **Vergangene Einflüsse:** Erfahrungen von Umbrüchen und Veränderungen

- **Prägungen:** Stabilität und Anpassungsfähigkeit

- **Gesundheit:** Kreislaufsystem und Blutdruck

- **Mittel zur Wiedergenesung:** Bachblüte Cherry Plum, Brennnesseltee

- **Finanzen:** Anpassungsfähigkeit und kluge Entscheidungen

- **Bejahung:** "Ich akzeptiere plötzliche Veränderungen und finde Stabilität in der Transformation."

- **Edelstein:** Hämatit - fördert Erdung und Schutz in Zeiten des Umbruchs.

- **Ätherisches Öl:**
  **Einzelmittel**: Vetiver, Zeder
  **Mischung**: Grounding

- **Mudra:** Granthi Mudra: Dieses Mudra hilft, das Feuer zu löschen und Transformation zu unterstützen.

- **Anleitung:** Zuerst nimmst du deine beiden Hände und faltest sie so, dass dein linker Zeigefinger höher ist als der rechte – das ist die traditionelle Gebetshaltung. Beim Granthi-Mudra berühren sich außerdem Daumen und Zeigefinger.

# Granthi Mudra: Die Geste zum Löschen von Feuer

**Bedeutung:**
"Granthi" bedeutet auf Sanskrit "Knoten" oder "binden"
Symbolisiert das Lösen von energetischen und emotionalen Defizite

**Ausführung:**
Verschränke die Finger beider Hände ineinander, der linke Zeigefinger liegt oben
Die Daumen berühren jeweils den Zeigefinger der anderen Hand
Die verschränkten Hände werden vor der Brust oder im Schoß gehalten

**Wirkungen und Vorteile:**
Hilft, Energie im Körper umzuleiten und auszugleichen
Löst emotionale und energetische Defizite
Lindert körperliche Beschwerden wie Arthritis oder Muskelschmerzen
Fördert innere Ruhe und Gelassenheit
Unterstützt bei der Überwindung von Einsamkeitsgefühlen
Vertieft die Meditationspraxis

**Anwendung:**
Kann im Sitzen oder Stehen praktiziert werden
Ideal für Meditation und Atemübungen
Hilfreich in stressigen Situationen oder bei emotionalen Herausforderungen

# Granthi Mudra: Die Geste zum Löschen von Feuer

**Visualisierung:**
Man kann sich vorstellen, auf einer Bühne zu stehen und erfolgreich zu sprechen
Visualisierung des Lösens innerer Knoten und Verklebungen

**Affirmation:**
"Ich vertraue meiner Stimme. Ich spreche die Wahrheit und drücke aus, was ich fühle."

Das Granthi Mudra ist besonders nützlich für Menschen, die emotionale oder energetische Defizite lösen, ihre Konzentration verbessern und ein Gefühl der Verbundenheit fördern möchten. Es kann in die tägliche Meditationspraxis integriert oder in herausfordernden Situationen angewendet werden.

# Meditation:

- **Ziel:** Diese Meditation zielt darauf ab, Akzeptanz für plötzliche Veränderungen zu entwickeln, innere Stabilität zu finden und durch Transformation zu wachsen.

- **Dauer:** 15-30 Minuten

- **Ort:** Wähle einen ruhigen Ort, an dem du nicht gestört wirst.

- **Sitzhaltung:** Setze dich bequem in aufrechter Position auf einen Stuhl oder im Schneidersitz auf den Boden. Halte deinen Rücken gerade und deine Hände auf deinen Oberschenkeln. Wenn du den Stuhl gewählt hast, stelle beide Füße auf den Boden.

- **Granthi Mudra**: Zuerst nimmst du deine beiden Hände und faltest sie so, dass dein linker Zeigefinger höher ist als der rechte – das ist die traditionelle Gebetshaltung. Beim Granthi-Mudra berühren sich außerdem Daumen und Zeigefinger.

- **Einstimmung:**
Schließe deine Augen und atme tief durch die Nase ein, halte kurz den Atem an und atme langsam durch den Mund aus. Wiederhole dies drei Mal.
Spüre, wie sich dein Körper entspannt und dein Geist ruhig wird.

- **Erdung:**
Richte deine Aufmerksamkeit auf die Verbindung deines Körpers mit dem Boden. Spüre die Stabilität und Erdung.
Visualisiere Wurzeln, die aus deinem Körper in die Erde wachsen und dir Halt und Stärke geben.

- **Energieaktivierung:**
Richte deine Aufmerksamkeit auf deine Hände in der Granthi Mudra-Position. Spüre die Energie, die von deinen Händen ausgeht.
Visualisiere ein leuchtendes, rotes Licht, das aus deinen Händen strömt und dich umhüllt.

☯ **Akzeptanz und Transformation:**
Stelle dir vor, dass dieses Licht deine Fähigkeit zur Akzeptanz und Transformation aktiviert. Es durchdringt deinen gesamten Körper und füllt dich mit Ruhe und Stabilität. Wiederhole innerlich die Affirmation: "Ich akzeptiere plötzliche Veränderungen und finde Stabilität in der Transformation."

☯ **Visualisierung:**
Visualisiere dich selbst inmitten eines Turms, der sich plötzlich verändert und transformiert. Sieh, wie du trotz der Veränderungen stabil und sicher bleibst und innere Stärke gewinnst.
Erlebe die Ruhe und Erfüllung, die du empfindest, wenn du plötzliche Veränderungen akzeptierst und durch Transformation wächst.

☯ **Integration:**
Bleibe noch einige Minuten in dieser Visualisierung, während du die Energie und das Licht weiterhin spürst.
Atme tief ein und aus, und beginne langsam, deine Finger und Zehen zu bewegen, um in den gegenwärtigen Moment zurückzukehren.

☯ **Abschluss:**
Senke langsam deine Hände und lege sie entspannt auf deine Oberschenkel.
Öffne langsam deine Augen und nimm dir einen Moment Zeit, um die Ruhe und Energie in deinem Körper zu spüren.

☯ **Tagebuch:**
Nimm dir nach der Meditation einige Minuten Zeit, um deine Erfahrungen, Eindrücke und jede aufgetauchte Weisheit in ein Tagebuch zu schreiben. Reflektiere über die Visualisierungen und Gefühle, die während der Meditation aufkamen. Notiere dir besonders intuitive Eingebungen oder Botschaften, die dir wichtig erscheinen. Dieses Tagebuch kann dir helfen, deine Fähigkeit zur Akzeptanz und Transformation zu vertiefen und einen bewussteren Zugang zu deinen spirituellen Fähigkeiten zu entwickeln.

# CHRONIK DER PERSÖNLICHEN ERLEBNISSE

# „Die Tochter des Firmaments"

Dieses Mudra hilft, den Geist zu beruhigen und die Konzentration zu fördern.

# XVII - Der Stern

- **Element:** Luft

- **Tierkreiszeichen:** Wassermann (Uranus)

- **Planet (Alchemie):** Uranus

- **Pflanze:** Kamille

- **Tier:** Schwan

- **Bachblüte:** Cerato

- **Karmischer Bezug:** Hoffnung und Inspiration

- **Künftige Entwicklung:** Vertrauen und Klarheit

- **Ich-Bewusstsein:** Inspirierend

- **Äußere Haltung:** Zuversichtlich

- **Innere Haltung:** Vertrauensvoll

- **Unbekanntes Selbst:** Verborgene Weisheit

- **Denken:** Klar und inspiriert

- **Fühlen:** Ruhig und zuversichtlich

- **Angstauslösend:** Zweifel

- **Partnerschaft:** Vertrauen und Inspiration

- **Liebe:** Klarheit und Harmonie

# XVII - Der Stern

- **Einstellung zur Umwelt:** Offen und inspiriert

- **Umwelteinflüsse:** Hoffnung und Möglichkeiten

- **Verträge:** Klarheit und Vertrauen

- **Traum:** Inspiration und Führung

- **Vergangene Einflüsse:** Erfahrungen von Vertrauen und Zweifel

- **Prägungen:** Hoffnung und Zuversicht

- **Gesundheit:** Atemwege und Nervensystem

- **Mittel zur Wiedergenesung:** Bachblüte Cerato, Kamillentee

- **Finanzen:** Vertrauen und kluge Entscheidungen

- **Bejahung:** "Ich vertraue dem Universum und folge meinem inneren Licht."

- **Edelstein:** Aquamarin - fördert Klarheit und innere Ruhe.

- **Ätherisches Öl:**
  **Einzelmittel**: Cardamom
  **Mischung**: Dream Catcher

- **Mudra:** Kalesvara Mudra: Dieses Mudra hilft, den Geist zu beruhigen und die Konzentration zu fördern.

- **Anleitung:** Die Mittelfinger sind gestreckt und berühren sich an den Fingerspitzen zusammen mit den Daumen. Die anderen Finger sind nach innen gekrümmt. Die Daumen zeigen zur Brust, während die Ellenbogen nach außen angehoben sind.

# Kalesvara Mudra:
## Das Mudra der Zeitbeherrschung und Konzentration

**Bedeutung:**
 "Kala" bedeutet auf Sanskrit "Zeit" und "Ishvara" bedeutet "Herr" oder "Gott"
Es symbolisiert die Herrschaft über die Zeit und ist dem Gott Shiva gewidmet

**Ausführung:**
Alle Finger außer den Mittelfingern und Daumen werden gebeugt
Die Mittelfinger beider Hände berühren sich an den Spitzen und sind ausgestreckt
Die gebeugten Finger berühren sich ebenfalls
Die Daumen zeigen zur Brust, die Ellbogen werden nach außen angehoben

**Wirkungen und Vorteile:**
Beruhigt Herz und Geist - Verbessert die Konzentration und das Gedächtnis
Hilft bei der Überwindung von Süchten - Reduziert Stress und Angst
Fördert innere Ruhe und Gelassenheit - Unterstützt bei der Kontrolle des Geistes
Erhöht den Prana-Fluss im Körper

**Anwendung:**
Ideal für Meditation und Atemübungen
Empfohlene Praxisdauer: 10-20 Minuten täglich
Besonders hilfreich in Zeiten geistiger Unruhe

# Kalesvara Mudra:
## Das Mudra der Zeitbeherrschung und Konzentration

**☯ Visualisierung:**
Man kann sich vorstellen, an einem Ort ohne Zeit zu sein
Visualisierung der Freiheit von zeitlichen Bindungen

**☯ Affirmation:**
"Ich bin nicht an Zeit gebunden. Ich kann meine Zeit nach meinem Willen lenken."

**☯ Vorsichtsmaßnahmen:**
Bei Verletzungen an Fingern oder Handgelenken vorsichtig anwenden
Menschen mit Angstzuständen oder Depressionen sollten besonders achtsam sein

Das Kalesvara Mudra ist besonders nützlich für Menschen, die ihre Konzentration verbessern, Stress abbauen und eine tiefere Verbindung zu sich selbst finden möchten.

# Meditation:

☯ **Ziel:** Diese Meditation zielt darauf ab, Vertrauen in das Universum zu entwickeln, innere Klarheit zu finden und dein inneres Licht zu entdecken.

☯ **Dauer:** 15-30 Minuten

☯ **Ort:** Wähle einen ruhigen Ort, an dem du nicht gestört wirst.

☯ **Sitzhaltung:** Setze dich bequem in aufrechter Position auf einen Stuhl oder im Schneidersitz auf den Boden. Halte deinen Rücken gerade und deine Hände auf deinen Oberschenkeln. Wenn du den Stuhl gewählt hast, stelle beide Füße auf den Boden.

☯ **Kalesvara Mudra:** Die Mittelfinger sind gestreckt und berühren sich an den Fingerspitzen zusammen mit den Daumen. Die anderen Finger sind nach innen gekrümmt. Die Daumen zeigen zur Brust, während die Ellenbogen nach außen angehoben sind.

☯ **Einstimmung:**
Schließe deine Augen und atme tief durch die Nase ein, halte kurz den Atem an und atme langsam durch den Mund aus. Wiederhole dies drei Mal.
Spüre, wie sich dein Körper entspannt und dein Geist ruhig wird.

☯ **Erdung:**
Richte deine Aufmerksamkeit auf die Verbindung deines Körpers mit dem Boden. Spüre die Stabilität und Erdung. Visualisiere Wurzeln, die aus deinem Körper in die Erde wachsen und dir Halt und Stärke geben.

☯ **Energieaktivierung:**
Richte deine Aufmerksamkeit auf deine Hände in der Kalesvara Mudra-Position. Spüre die Energie, die von deinen Händen ausgeht. Visualisiere ein leuchtendes, blaues Licht, das aus deinen Händen strömt und dich umhüllt.

**❄ Vertrauen und inneres Licht:**
Stelle dir vor, dass dieses Licht dein Vertrauen in das Universum und dein inneres Licht aktiviert. Es durchdringt deinen gesamten Körper und füllt dich mit Ruhe und Zuversicht.
Wiederhole innerlich die Affirmation: "Ich vertraue dem Universum und folge meinem inneren Licht."

**❄ Visualisierung:**
Visualisiere dich selbst unter einem klaren Nachthimmel, der mit funkelnden Sternen übersät ist. Sieh, wie dein inneres Licht mit den Sternen am Himmel verschmilzt und dir den Weg weist.
Erlebe die Ruhe und Erfüllung, die du empfindest, wenn du dem Universum vertraust und deinem inneren Licht folgst.

**❄ Integration:**
Bleibe noch einige Minuten in dieser Visualisierung, während du die Energie und das Licht weiterhin spürst.
Atme tief ein und aus, und beginne langsam, deine Finger und Zehen zu bewegen, um in den gegenwärtigen Moment zurückzukehren.

**❄ Abschluss:**
Senke langsam deine Hände und lege sie entspannt auf deine Oberschenkel.
Öffne langsam deine Augen und nimm dir einen Moment Zeit, um die Ruhe und Energie in deinem Körper zu spüren.

**❄ Tagebuch:**
Nimm dir nach der Meditation einige Minuten Zeit, um deine Erfahrungen, Eindrücke und jede aufgetauchte Weisheit in ein Tagebuch zu schreiben. Reflektiere über die Visualisierungen und Gefühle, die während der Meditation aufkamen. Notiere dir besonders intuitive Eingebungen oder Botschaften, die dir wichtig erscheinen. Dieses Tagebuch kann dir helfen, dein Vertrauen und dein inneres Licht zu vertiefen und einen bewussteren Zugang zu deinen spirituellen Fähigkeiten zu entwickeln.

# CHRONIK DER PERSÖNLICHEN ERLEBNISSE

# „Der Herrscher des Flusses und des Rückflusses"

## Hakini Mudra

Dieses Mudra hilft, die Intuition zu stärken und das Bewusstsein zu klären.

# XVIII - Der Mond

- **Element:** Wasser

- **Tierkreiszeichen:** Fische (Neptun)

- **Planet (Alchemie):** Mond

- **Pflanze:** Efeu

- **Tier:** Wolf

- **Bachblüte:** Aspen

- **Karmischer Bezug:** Intuition und Unterbewusstsein

- **Künftige Entwicklung:** Klarheit und Erkenntnis

- **Ich-Bewusstsein:** Intuitiv

- **Äußere Haltung:** Sensibel

- **Innere Haltung:** Erkennend

- **Unbekanntes Selbst:** Verborgene Emotionen

- **Denken:** Klar und intuitiv

- **Fühlen:** Tief und emotional

- **Angstauslösend:** Unklarheit und Verwirrung

- **Partnerschaft:** Tiefes emotionales Verständnis

- **Liebe:** Intuition und Verbundenheit

# XVIII - Der Mond

- **Einstellung zur Umwelt:** Sensibel und aufmerksam

- **Umwelteinflüsse:** Veränderungen und Emotionen

- **Verträge:** Klarheit und intuitive Entscheidungen

- **Traum:** Erkundung des Unterbewusstseins

- **Vergangene Einflüsse:** Erfahrungen von Intuition und Emotionen

- **Prägungen:** Tiefes emotionales Verständnis

- **Gesundheit:** Hormonelles Gleichgewicht und Flüssigkeitshaushalt

- **Mittel zur Wiedergenesung:** Bachblüte Aspen, Efeutee

- **Finanzen:** Intuitive und kluge Entscheidungen

- **Bejahung:** "Ich vertraue meiner Intuition und erkunde die Tiefe meines Unterbewusstseins."

- **Edelstein:** Mondstein - fördert Intuition und emotionale Balance.

- **Ätherisches Öl:**
  **Einzelmittel:** Cassia, Muskat
  **Mischung:** Believe

- **Mudra:** Hakini Mudra. Dieses Mudra hilft, die Intuition zu stärken und das Bewusstsein zu klären.

- **Anleitung:** Lege die Fingerspitzen beider Hände aneinander, sodass sie sich berühren, während die Handflächen leicht auseinander stehen.

# Hakini Mudra: Die Geste der geistigen Klarheit und Macht

**Bedeutung:**
Benannt nach Hakini, der Göttin des Ajna-Chakras (Stirnchakra)
Symbolisiert Macht, Konzentration und geistige Klarheit

**Ausführung:**
Alle 10 Fingerspitzen berühren sich leicht
Die Finger sind etwas gespreizt, nicht eng zusammen
Die Hände werden vor der Brust oder im Schoß gehalten

**Wirkungen und Vorteile:**
Verbessert Konzentration und Gedächtnis - Fördert die Zusammenarbeit beider Gehirnhälften
Steigert die geistige Leistungsfähigkeit - Unterstützt bei Entscheidungsfindungen
Stärkt das Selbstvertrauen, besonders beim Sprechen
Reduziert Stress und Nervosität - Vertieft den Atem

**Anwendung:**
Ideal für Meditation und Atemübungen
Hilfreich vor und während Präsentationen oder Reden
Kann im Sitzen oder Stehen praktiziert werden

**Visualisierung und Affirmation:**
Visualisierung: Beruhigung der Gedanken
Affirmation: "Ich bin der Inbegriff von Selbstvertrauen. Ich bin voller Zuversicht."

# Hakini Mudra: Die Geste der geistigen Klarheit und Macht

- **Vorsichtsmaßnahmen:**
  Finger nur leicht berühren, nicht fest drücken
  Wirbelsäule aufrecht, aber bequem halten

- **Symbolik:**
  Jeder Finger repräsentiert ein Element (Wasser, Erde, Äther, Luft, Feuer)
  Das Zusammenbringen der Finger symbolisiert "Möge alles zur Einheit kommen"

Das Hakini Mudra ist besonders nützlich für Menschen, die ihre Konzentration und geistige Klarheit verbessern möchten, sowie für Redner und alle, die ihr Selbstvertrauen stärken wollen.

# Meditation:

🌙 **Ziel:** Diese Meditation zielt darauf ab, die Intuition zu stärken, das Unterbewusstsein zu erkunden und emotionale Klarheit zu gewinnen.

🌙 **Dauer:** 15-30 Minuten

🌙 **Ort:** Wähle einen ruhigen Ort, an dem du nicht gestört wirst.

🌙 **Sitzhaltung:** Setze dich bequem in aufrechter Position auf einen Stuhl oder im Schneidersitz auf den Boden. Halte deinen Rücken gerade und deine Hände auf deinen Oberschenkeln. Wenn du den Stuhl gewählt hast, stelle beide Füße auf den Boden.

🌙 **Hakini Mudra:** Lege die Fingerspitzen beider Hände aneinander, sodass sie sich berühren, während die Handflächen leicht auseinander stehen.

🌙 **Einstimmung:**
Schließe deine Augen und atme tief durch die Nase ein, halte kurz den Atem an und atme langsam durch den Mund aus. Wiederhole dies drei Mal.
Spüre, wie sich dein Körper entspannt und dein Geist ruhig wird.

🌙 **Erdung:**
Richte deine Aufmerksamkeit auf die Verbindung deines Körpers mit dem Boden. Spüre die Stabilität und Erdung.
Visualisiere Wurzeln, die aus deinem Körper in die Erde wachsen und dir Halt und Stärke geben.

🌙 **Energieaktivierung:**
Richte deine Aufmerksamkeit auf deine Hände in der Hakini Mudra-Position. Spüre die Energie, die von deinen Händen ausgeht.
Visualisiere ein leuchtendes, silbernes Licht, das aus deinen Händen strömt und dich umhüllt.

☯ **Intuition und Unterbewusstsein:**
Stelle dir vor, dass dieses Licht deine Intuition und dein Unterbewusstsein aktiviert. Es durchdringt deinen gesamten Körper und füllt dich mit Klarheit und Einsicht.
Wiederhole innerlich die Affirmation: "Ich vertraue meiner Intuition und erkunde die Tiefe meines Unterbewusstseins."

☯ **Visualisierung:**
Visualisiere dich selbst in einer ruhigen, nächtlichen Landschaft, die vom sanften Licht des Mondes erleuchtet wird. Sieh, wie du deine innere Welt erkundest und verborgene Weisheit entdeckst.
Erlebe die Ruhe und Erfüllung, die du empfindest, wenn du deiner Intuition vertraust und dein Unterbewusstsein erkundest.

☯ **Integration:**
Bleibe noch einige Minuten in dieser Visualisierung, während du die Energie und das Licht weiterhin spürst.
Atme tief ein und aus, und beginne langsam, deine Finger und Zehen zu bewegen, um in den gegenwärtigen Moment zurückzukehren.

☯ **Abschluss:**
Senke langsam deine Hände und lege sie entspannt auf deine Oberschenkel.
Öffne langsam deine Augen und nimm dir einen Moment Zeit, um die Ruhe und Energie in deinem Körper zu spüren.

☯ **Tagebuch:**
Nimm dir nach der Meditation einige Minuten Zeit, um deine Erfahrungen, Eindrücke und jede aufgetauchte Weisheit in ein Tagebuch zu schreiben. Reflektiere über die Visualisierungen und Gefühle, die während der Meditation aufkamen. Notiere dir besonders intuitive Eingebungen oder Botschaften, die dir wichtig erscheinen. Dieses Tagebuch kann dir helfen, deine Intuition zu vertiefen und einen bewussteren Zugang zu deinem Unterbewusstsein zu entwickeln.

# CHRONIK DER PERSÖNLICHEN ERLEBNISSE

# „Die Herrscherin des Feuers der Welten"

Dieses Mudra hilft, die Energie und das innere Licht zu stärken.

# XIX - Die Sonne

- ☯ **Element:** Feuer

- ☯ **Tierkreiszeichen:** Löwe (Sonne)

- ☯ **Planet (Alchemie):** Sonne

- ☯ **Pflanze:** Sonnenblume

- ☯ **Tier:** Adler

- ☯ **Bachblüte:** Clematis

- ☯ **Karmischer Bezug:** Klarheit und Erleuchtung

- ☯ **Künftige Entwicklung:** Freude und Erfolg

- ☯ **Ich-Bewusstsein:** Strahlend

- ☯ **Äußere Haltung:** Optimistisch

- ☯ **Innere Haltung:** Freudig

- ☯ **Unbekanntes Selbst:** Verborgenes Potenzial

- ☯ **Denken:** Klar und positiv

- ☯ **Fühlen:** Warm und Glücklich

- ☯ **Angstauslösend:** Dunkelheit und Unklarheit

- ☯ **Partnerschaft:** Freude und Wärme

- ☯ **Liebe:** Strahlend und erfüllend

# XIX - Die Sonne

- **Einstellung zur Umwelt:** Offen und positiv

- **Umwelteinflüsse:** Licht und Wärme

- **Verträge:** Klarheit und positive Absichten

- **Traum:** Erleuchtung und Freude

- **Vergangene Einflüsse:** Erfahrungen von Klarheit und Erfolg

- **Prägungen:** Positivität und Freude

- **Gesundheit:** Kreislaufsystem und Herz

- **Mittel zur Wiedergenesung:** Bachblüte Clematis, Sonnenblumentee

- **Finanzen:** Optimismus und kluge Entscheidungen

- **Bejahung:** "Ich strahle vor Freude und Klarheit und begrüße das Licht in meinem Leben."

- **Edelstein:** Citrin - fördert Positivität und Energie.

- **Ätherisches Öl:**
  **Einzelmittel**: Orange, Zitrone
  **Mischung**: Awaken

- **Mudra:** Surya Mudra. Dieses Mudra hilft, die Energie und das innere Licht zu stärken.

- **Anleitung:** Beuge den Ringfinger und drücke die Spitze des Daumens auf das zweite Glied des Ringfingers. Die anderen Finger bleiben ausgestreckt.

# Surya Mudra: Das Sonnen-Mudra für Energie und Wärme

**☯ Bedeutung:**
"Surya" bedeutet auf Sanskrit "Sonne"
Symbolisiert die Sonne und ihre energetisierende Kraft

**☯ Ausführung:**
Beuge den Ringfinger und drücke die Spitze des Daumens auf das zweite Glied des Ringfingers
Die anderen Finger bleiben gestreckt
Kann mit einer oder beiden Händen ausgeführt werden

**☯ Wirkungen und Vorteile:**
Erhöht das Feuerelement im Körper -Verbessert den Stoffwechsel und die Verdauung
Hilft bei Gewichtsreduktion - Steigert die Körpertemperatur
Reduziert Kältegefühle in Händen und Füßen - Kann den Cholesterinspiegel senken
Stärkt das Immunsystem - Fördert Vitalität und Energie - Hilft bei Schilddrüsenunterfunktion

**☯ Anwendung:**
Ideal für Morgenmeditation oder bei Sonnenaufgang
Empfohlene Praxisdauer: 10-15 Minuten täglich
Besonders hilfreich in kalten Jahreszeiten oder bei Kältegefühl

# Surya Mudra: Das Sonnen-Mudra für Energie und Wärme

**Vorsichtsmaßnahmen:**
Vorsicht bei hohem Pitta-Dosha oder in heißen Klimazonen
Nicht übermäßig praktizieren, da es zu Überhitzung führen kann
Im Sommer nur moderat anwenden

**Kombinationen:**
Kann mit Sonnengruß-Übungen kombiniert werden
Gut zu verbinden mit Feuer-Atemübungen wie Kapalabhati

**Affirmationen:**
"Ich bin voller Energie und Lebenskraft"
"Die Sonne in mir strahlt hell und wärmt mich"

Das Surya Mudra ist besonders nützlich für Menschen, die ihre Energie steigern, ihren Stoffwechsel ankurbeln oder Kältegefühle reduzieren möchten. Es sollte jedoch mit Bedacht praktiziert werden, besonders in warmen Klimazonen oder bei Menschen mit einem bereits starken Feuer-Element.

# Meditation:

- **Ziel:** Diese Meditation zielt darauf ab, positive Energie zu aktivieren, Freude zu finden und innere Klarheit zu erlangen.

- **Dauer:** 15-30 Minuten

- **Ort:** Wähle einen ruhigen Ort, an dem du nicht gestört wirst.

- **Sitzhaltung:** Setze dich bequem in aufrechter Position auf einen Stuhl oder im Schneidersitz auf den Boden. Halte deinen Rücken gerade und deine Hände auf deinen Oberschenkeln. Wenn du den Stuhl gewählt hast, stelle beide Füße auf den Boden.

- **Surya Mudra:** Beuge den Ringfinger und drücke die Spitze des Daumens auf das zweite Glied des Ringfingers. Die anderen Finger bleiben ausgestreckt.

- **Einstimmung:**
  Schließe deine Augen und atme tief durch die Nase ein, halte kurz den Atem an und atme langsam durch den Mund aus. Wiederhole dies drei Mal.
  Spüre, wie sich dein Körper entspannt und dein Geist ruhig wird.

- **Erdung:**
  Richte deine Aufmerksamkeit auf die Verbindung deines Körpers mit dem Boden. Spüre die Stabilität und Erdung.
  Visualisiere Wurzeln, die aus deinem Körper in die Erde wachsen und dir Halt und Stärke geben.

- **Energieaktivierung:**
  Richte deine Aufmerksamkeit auf deine Hände in der Surya Mudra-Position. Spüre die Energie, die von deinen Händen ausgeht.
  Visualisiere ein leuchtendes, goldenes Licht, das aus deinen Händen strömt und dich umhüllt.

☯ **Positivität und Freude:**
Stelle dir vor, dass dieses Licht deine Fähigkeit zur Positivität und Freude aktiviert. Es durchdringt deinen gesamten Körper und füllt dich mit Wärme und Licht.
Wiederhole innerlich die Affirmation: "Ich strahle vor Freude und Klarheit und begrüße das Licht in meinem Leben."

☯ **Visualisierung:**
Visualisiere dich selbst unter einem klaren, sonnigen Himmel, der dich mit Licht und Wärme umhüllt. Sieh, wie du Freude und Positivität ausstrahlst und dich mit der Energie der Sonne verbindest.
Erlebe die Freude und Erfüllung, die du empfindest, wenn du das Licht in deinem Leben begrüßt und Positivität ausstrahlst.

☯ **Integration:**
Bleibe noch einige Minuten in dieser Visualisierung, während du die Energie und das Licht weiterhin spürst.
Atme tief ein und aus, und beginne langsam, deine Finger und Zehen zu bewegen, um in den gegenwärtigen Moment zurückzukehren.

☯ **Abschluss:**
Senke langsam deine Hände und lege sie entspannt auf deine Oberschenkel.
Öffne langsam deine Augen und nimm dir einen Moment Zeit, um die Wärme und Energie in deinem Körper zu spüren.

☯ **Tagebuch:**
Nimm dir nach der Meditation einige Minuten Zeit, um deine Erfahrungen, Eindrücke und jede aufgetauchte Weisheit in ein Tagebuch zu schreiben. Reflektiere über die Visualisierungen und Gefühle, die während der Meditation aufkamen. Notiere dir besonders intuitive Eingebungen oder Botschaften, die dir wichtig erscheinen. Dieses Tagebuch kann dir helfen, deine Positivität und dein inneres Licht zu vertiefen und einen bewussteren Zugang zu deinen spirituellen Fähigkeiten zu entwickeln.

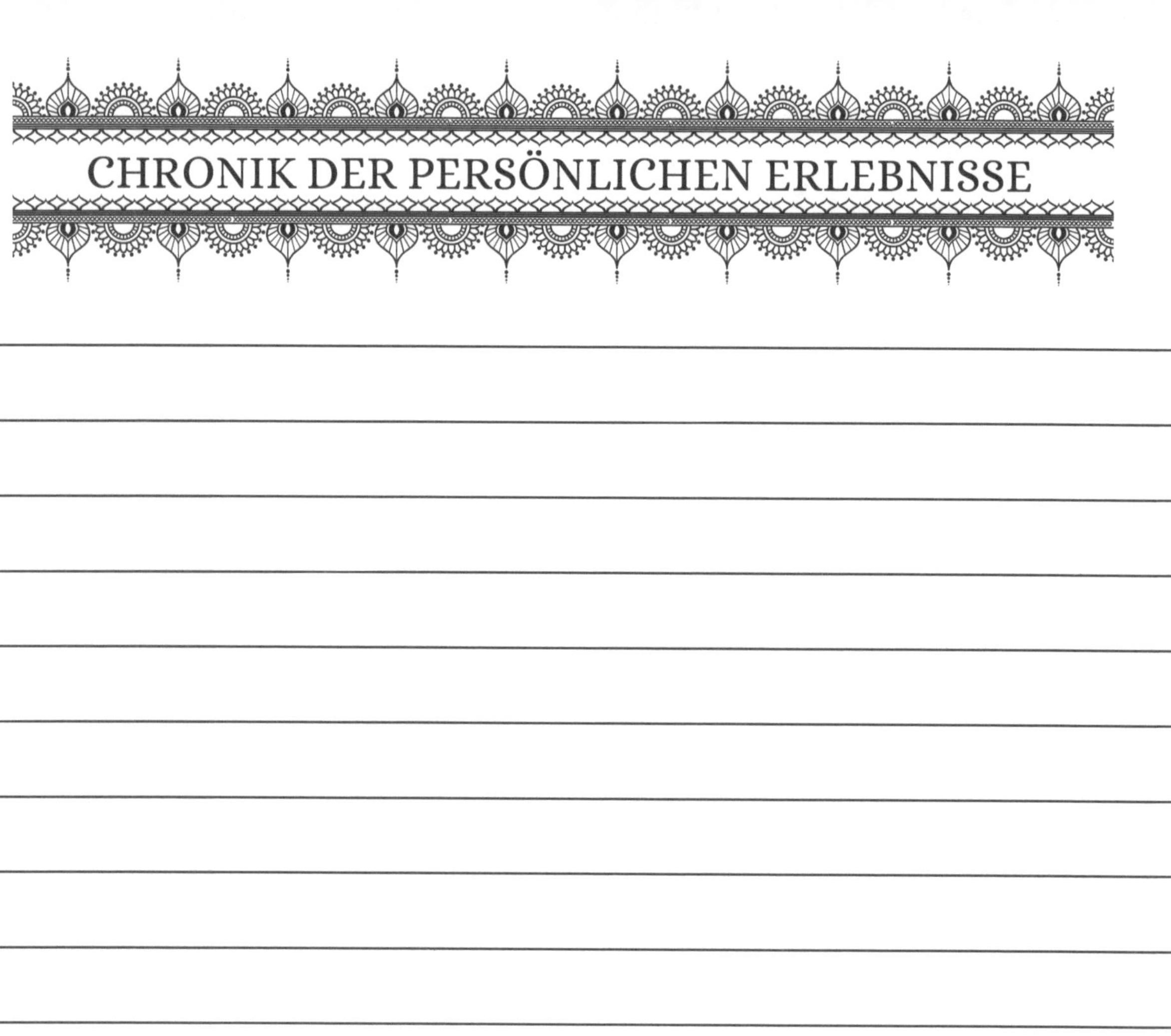

# CHRONIK DER PERSÖNLICHEN ERLEBNISSE

# „Der Geist des Urfeuers"

Diese Mudra hilft, das Herz zu öffnen und emotionale Wiedergenesung zu fördern.

# XX - Das Gericht

- **Element:** Feuer

- **Tierkreiszeichen:** Pluto (Skorpion)

- **Planet (Alchemie):** Pluto

- **Pflanze:** Efeu

- **Tier:** Phönix

- **Bachblüte:** Star of Bethlehem

- **Karmischer Bezug:** Wiedergeburt und Transformation

- **Künftige Entwicklung:** Erneuerung und Klarheit

- **Ich-Bewusstsein:** Transformierend

- **Äußere Haltung:** Offen für Wandel

- **Innere Haltung:** Akzeptierend

- **Unbekanntes Selbst:** Verborgenes Potenzial

- **Denken:** Erneuernd und klar

- **Fühlen:** Befreit und ruhig

- **Angstauslösend:** Veränderung und Ungewissheit

- **Partnerschaft:** Transformation und Wachstum

- **Liebe:** Tiefe Erneuerung

# XX - Das Gericht

- **Einstellung zur Umwelt:** Transformierend und offen

- **Umwelteinflüsse:** Wandel und Erneuerung

- **Verträge:** Erneuerung und Klarheit

- **Traum:** Wiedergeburt und Erkenntnis

- **Vergangene Einflüsse:** Erfahrungen von Wandel und Erneuerung

- **Prägungen:** Transformation und Wiedergeburt

- **Gesundheit:** Immunsystem und Erneuerung

- **Mittel zur Wiedergenesung:** Bachblüte Star of Bethlehem, Efeutee

- **Finanzen:** Erneuerung und weise Entscheidungen

- **Bejahung:** "Ich akzeptiere Transformation und Wiedergeburt in meinem Leben."

- **Edelstein:** Fluorit - fördert Klarheit und Erneuerung.

- **Ätherisches Öl:**
  **Einzelmittel**: Immortelle
  **Mischung**: Relieve it

- **Mudra:** Hridaya Mudra. Dieses Mudra hilft, das Herz zu öffnen und emotionale Wiedergenesung zu fördern.

- **Anleitung:** Bringe die Spitze des Zeigefingers an die Basis des Daumens, während du die Spitzen von Daumen, Mittel- und Ringfinger zusammenbringst. Der kleine Finger bleibt ausgestreckt.

# Hridaya Mudra: Die Herzgeste für emotionale Balance

**Bedeutung:**
"Hridaya" bedeutet auf Sanskrit "Herz"
Auch bekannt als "Herzgeste" oder "Apan Vayu Mudra"
Symbolisiert die Verbindung zum Herzen und Herzchakra

**Ausführung:**
Zeigefinger zur Daumenwurzel bringen
Daumen, Mittelfinger und Ringfinger berühren sich an den Spitzen
Kleiner Finger bleibt ausgestreckt
Handrücken auf die Knie legen
Mit beiden Händen gleichzeitig ausführen

**Wirkungen und Vorteile:**
Verbessert die Herzfunktion und Blutzirkulation - Reduziert Stress, Angst und Bluthochdruck
Hilft bei Herzproblemen und Brustschmerzen - Lindert Körperschmerzen und Arthritis
Unterstützt bei Verdauungsproblemen und überschüssigem Gas
Fördert emotionale Ausgeglichenheit - hilft bei Schlaflosigkeit und Migräne

**Anwendung:**
Ideal für Meditation und Atemübungen
Empfohlene Praxisdauer: 10-15 Minuten täglich
Am besten in einer bequemen Sitzhaltung ausführen

# Hridaya Mudra: Die Herzgeste für emotionale Balance

**Vorsichtsmaßnahmen:**
Nicht als alleinige Behandlung für Herzprobleme verwenden
Schwangere und stillende Frauen sollten vorsichtig sein
Bei Unsicherheiten einen Yogalehrer konsultieren

**Energetische Wirkung:**
Aktiviert das Herzchakra (Anahata)
Balanciert das Luftelement im Körper

Das Hridaya Mudra ist eine kraftvolle Geste zur Förderung der Herzgesundheit und emotionalen Balance. Es kann in die tägliche Yoga- oder Meditationspraxis integriert werden, um von seinen vielfältigen Vorteilen zu profitieren.

# Meditation:

**☯ Ziel:** Diese Meditation zielt darauf ab, Transformation und Wiedergeburt zu akzeptieren, alte Muster loszulassen und sich für neue Möglichkeiten zu öffnen.

**☯ Dauer:** 15-30 Minuten

**☯ Ort:** Wähle einen ruhigen Ort, an dem du nicht gestört wirst.

**☯ Sitzhaltung:** Setze dich bequem in aufrechter Position auf einen Stuhl oder im Schneidersitz auf den Boden. Halte deinen Rücken gerade und deine Hände auf deinen Oberschenkeln. Wenn du den Stuhl gewählt hast, stelle beide Füße auf den Boden.

**☯ Hridaya Mudra:** Bringe die Spitze des Zeigefingers an die Basis des Daumens, während du die Spitzen von Daumen, Mittel- und Ringfinger zusammenbringst. Der kleine Finger bleibt ausgestreckt.

**☯ Einstimmung:**
Schließe deine Augen und atme tief durch die Nase ein, halte kurz den Atem an und atme langsam durch den Mund aus. Wiederhole dies drei Mal.
Spüre, wie sich dein Körper entspannt und dein Geist ruhig wird.

**☯ Erdung:**
Richte deine Aufmerksamkeit auf die Verbindung deines Körpers mit dem Boden. Spüre die Stabilität und Erdung.
Visualisiere Wurzeln, die aus deinem Körper in die Erde wachsen und dir Halt und Stärke geben.

**☯ Energieaktivierung:**
Richte deine Aufmerksamkeit auf deine Hände in der Hridaya Mudra-Position. Spüre die Energie, die von deinen Händen ausgeht.
Visualisiere ein leuchtendes, weißes Licht, das aus deinen Händen strömt und dich umhüllt.

☯ **Transformation und Wiedergeburt:**
Stelle dir vor, dass dieses Licht deine Fähigkeit zur Transformation und Wiedergeburt aktiviert. Es durchdringt deinen gesamten Körper und füllt dich mit Klarheit und Erneuerung.
Wiederhole innerlich die Affirmation: "Ich akzeptiere Transformation und Wiedergeburt in meinem Leben."

☯ **Visualisierung:**
Visualisiere dich selbst in einer ruhigen, friedlichen Umgebung, in der du alte Muster loslässt und Platz für neue Möglichkeiten schaffst. Sieh, wie du dich erneuerst und transformierst.
Erlebe die Ruhe und Erfüllung, die du empfindest, wenn du Transformation und Wiedergeburt in deinem Leben akzeptierst.

☯ **Integration:**
Bleibe noch einige Minuten in dieser Visualisierung, während du die Energie und das Licht weiterhin spürst.
Atme tief ein und aus, und beginne langsam, deine Finger und Zehen zu bewegen, um in den gegenwärtigen Moment zurückzukehren.

☯ **Abschluss:**
Senke langsam deine Hände und lege sie entspannt auf deine Oberschenkel.
Öffne langsam deine Augen und nimm dir einen Moment Zeit, um die Ruhe und Energie in deinem Körper zu spüren.

☯ **Tagebuch:**
Nimm dir nach der Meditation einige Minuten Zeit, um deine Erfahrungen, Eindrücke und jede aufgetauchte Weisheit in ein Tagebuch zu schreiben. Reflektiere über die Visualisierungen und Gefühle, die während der Meditation aufkamen. Notiere dir besonders intuitive Eingebungen oder Botschaften, die dir wichtig erscheinen. Dieses Tagebuch kann dir helfen, deine Fähigkeit zur Transformation und Wiedergeburt zu vertiefen und einen bewussteren Zugang zu deinen spirituellen Fähigkeiten zu entwickeln.

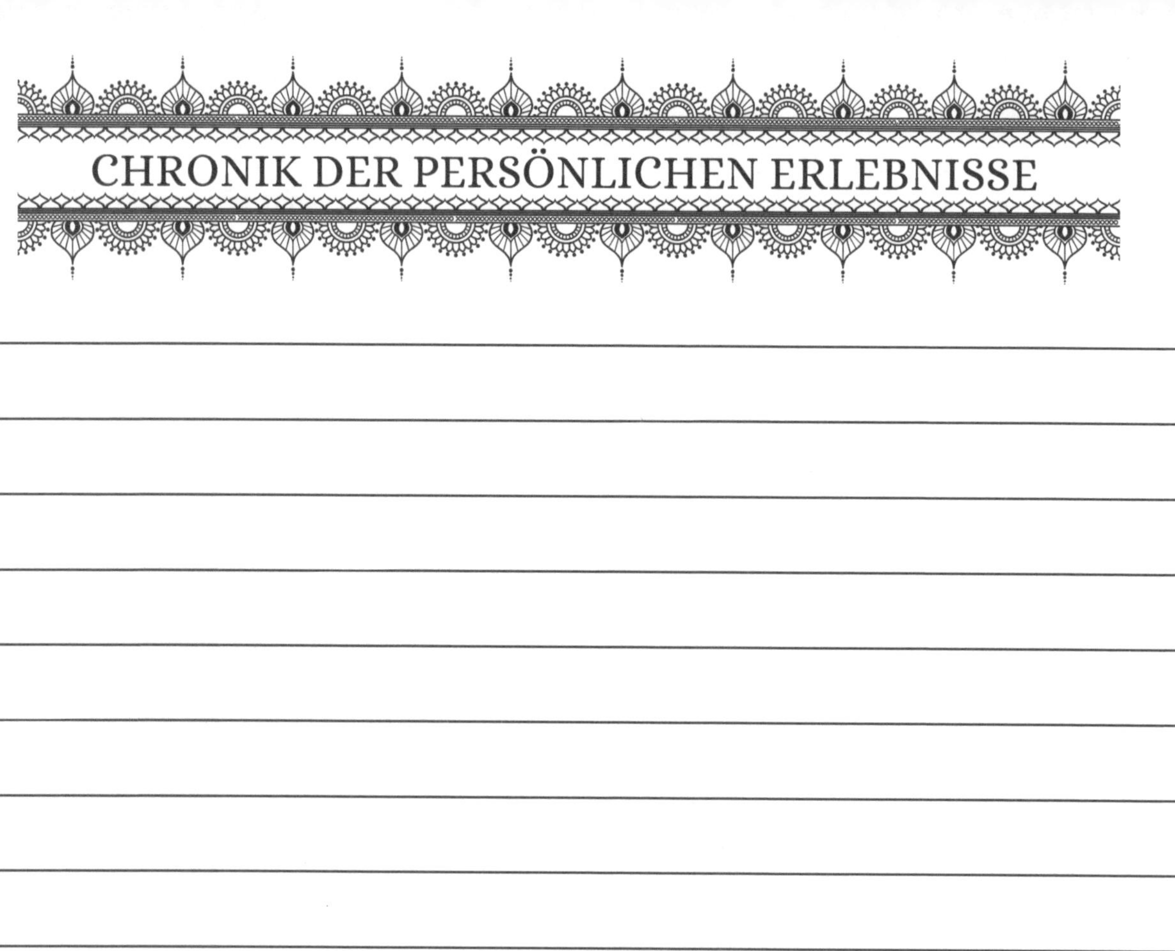

# CHRONIK DER PERSÖNLICHEN ERLEBNISSE

# „Tiefe Verbundenheit: Befreiung aus inneren Fesseln"

Dieses Mudra hilft, Erdung und Stabilität zu fördern.

- **Element:** Erde
- **Tierkreiszeichen:** Saturn (Steinbock)
- **Planet (Alchemie):** Saturn
- **Pflanze:** Lorbeer
- **Tier:** Adler
- **Bachblüte:** Wild Rose
- **Karmischer Bezug:** Vollendung und Einheit
- **Künftige Entwicklung:** Harmonie und Erfüllung
- **Ich-Bewusstsein:** Harmonisch
- **Äußere Haltung:** Ausgeglichen
- **Innere Haltung:** Erfüllend
- **Unbekanntes Selbst:** Verborgene Harmonie
- **Denken:** Klar und umfassend
- **Fühlen:** Friedlich und zufrieden
- **Angstauslösend:** Unvollständig
- **Partnerschaft:** Einheit und Harmonie
- **Liebe:** Vollendung und Erfüllung

# XXI - Die Welt

- **Einstellung zur Umwelt:** Harmonie und Einheit

- **Umwelteinflüsse:** Balance und Ganzheit

- **Verträge:** Harmonie und Klarheit

- **Traum:** Vollendung und Einheit

- **Vergangene Einflüsse:** Erfahrungen von Vollendung und Harmonie

- **Prägungen:** Harmonie und Einheit

- **Gesundheit:** Knochen und Haut

- **Mittel zur Wiedergenesung:** Bachblüte Wild Rose, Lorbeertee

- **Finanzen:** Harmonie und kluge Entscheidungen

- **Bejahung:** "Ich bin im Einklang mit dem Universum und erlebe die Vollendung meines Weges."

- **Edelstein:** Türkis - fördert Harmonie und Gleichgewicht.

- **Ätherisches Öl:**
  **Einzelmittel**: Ysop
  **Mischung**: Humility

- **Mudra:** Prithvi Mudra. Dieses Mudra hilft, Erdung und Stabilität zu fördern.

- **Anleitung:** Berühre die Spitze des Ringfingers mit der Spitze des Daumens, während die anderen drei Finger ausgestreckt bleiben.

# Prithvi Mudra: Das Erdungs-Mudra für Stabilität und Kraft

**Bedeutung:**
"Prithvi" bedeutet auf Sanskrit "Erde"
Symbolisiert die Verbindung zur Erde und Erdung

**Ausführung:**
Berühre die Spitze des Ringfingers mit der Spitze des Daumens
Die anderen Finger bleiben gestreckt
Kann mit einer oder beiden Händen ausgeführt werden

**Wirkungen und Vorteile:**
Stärkt das Erdelement im Körper - Verbessert die Verdauung
Hilft bei Knieschmerzen - Fördert Stabilität und innere Ruhe
Stärkt Knochen, Muskeln, Nägel und Haare - Verbessert die Durchblutung
Kann bei Gewichtszunahme unterstützen
Hilft bei der Wiedergenesung von Gewebe und fördert das Gewebewachstum

**Anwendung:**
Kann im Sitzen oder Gehen praktiziert werden
Ideal für Meditation und Yoga-Übungen
Empfohlene Praxisdauer: 15-30 Minuten täglich

**Energetische Wirkung:**
Aktiviert das Wurzelchakra (Muladhara)
Fördert Erdung und Stabilität

**Kontrast zu anderen Mudras:**
Gegensätzlich zum Surya Mudra, das das Feuerelement erhöht

Das Prithvi Mudra ist besonders nützlich für Menschen, die sich geerdet und stabil fühlen möchten oder die eine Verbindung zur Erde suchen. Es kann helfen, Stress abzubauen und ein Gefühl von Sicherheit und Stabilität zu fördern.

# Meditation:

- **Ziel:** Diese Meditation zielt darauf ab, Harmonie und Vollendung zu erleben, sowie das Gefühl der Einheit mit dem Universum zu stärken.

- **Dauer:** 15-30 Minuten

- **Ort:** Wähle einen ruhigen Ort, an dem du nicht gestört wirst.

- **Sitzhaltung:** Setze dich bequem in aufrechter Position auf einen Stuhl oder im Schneidersitz auf den Boden. Halte deinen Rücken gerade und deine Hände auf deinen Oberschenkeln. Wenn du den Stuhl gewählt hast, stelle beide Füße auf den Boden.

- **Prithvi Mudra:** Berühre die Spitze des Ringfingers mit der Spitze des Daumens, während die anderen drei Finger ausgestreckt bleiben.

- **Einstimmung:**
  Schließe deine Augen und atme tief durch die Nase ein, halte kurz den Atem an und atme langsam durch den Mund aus. Wiederhole dies drei Mal.
  Spüre, wie sich dein Körper entspannt und dein Geist ruhig wird.

- **Erdung:**
  Richte deine Aufmerksamkeit auf die Verbindung deines Körpers mit dem Boden. Spüre die Stabilität und Erdung.
  Visualisiere Wurzeln, die aus deinem Körper in die Erde wachsen und dir Halt und Stärke geben.

- **Energieaktivierung:**
  Richte deine Aufmerksamkeit auf deine Hände in der Prithvi Mudra-Position. Spüre die Energie, die von deinen Händen ausgeht.
  Visualisiere ein leuchtendes, grünes Licht, das aus deinen Händen strömt und dich umhüllt.

### ☯ Harmonie und Vollendung:

Stelle dir vor, dass dieses Licht deine Fähigkeit zur Harmonie und Vollendung aktiviert. Es durchdringt deinen gesamten Körper und erfüllt dich mit Ruhe und verbindet dich mit deiner höchsten Quelle.

Wiederhole innerlich die Affirmation: "Ich bin im Einklang mit dem Universum und erlebe die Vollendung meines Weges."

### ☯ Visualisierung:

Visualisiere dich selbst in einer wunderschönen, harmonischen Landschaft, in der du das Gefühl der Einheit mit dem Universum erlebst. Sieh, wie du in Frieden und Harmonie lebst und deine Reise vollendest.

Erlebe die Ruhe und Erfüllung, die du empfindest, wenn du im Einklang mit dem Universum bist und die Vollendung deines Weges erlebst.

### ☯ Integration:

Bleibe noch einige Minuten in dieser Visualisierung, während du die Energie und das Licht weiterhin spürst.

Atme tief ein und aus, und beginne langsam, deine Finger und Zehen zu bewegen, um in den gegenwärtigen Moment zurückzukehren.

### ☯ Abschluss:

Senke langsam deine Hände und lege sie entspannt auf deine Oberschenkel.

Öffne langsam deine Augen und nimm dir einen Moment Zeit, um die Ruhe und Energie in deinem Körper zu spüren.

### ☯ Tagebuch:

Nimm dir nach der Meditation einige Minuten Zeit, um deine Erfahrungen, Eindrücke und jede aufgetauchte Weisheit in ein Tagebuch zu schreiben. Reflektiere über die Visualisierungen und Gefühle, die während der Meditation aufkamen. Notiere dir besonders intuitive Eingebungen oder Botschaften, die dir wichtig erscheinen. Dieses Tagebuch kann dir helfen, deine Harmonie und dein Gefühl der Vollendung zu vertiefen und einen bewussteren Zugang zu deinen spirituellen Fähigkeiten zu entwickeln.

# CHRONIK DER PERSÖNLICHEN ERLEBNISSE

# „Der Geist des Äthers"

Dieses Mudra hilft, Vertrauen und Mut für neue Anfänge zu entwickeln.

# XXII - Der Narr

- **Element:** Luft
- **Tierkreiszeichen:** Uranus (Wassermann)
- **Planet (Alchemie):** Uranus
- **Pflanze:** Löwenzahn
- **Tier:** Schmetterling
- **Bachblüte:** Scleranthus
- **Karmischer Bezug:** Neuanfang und Vertrauen
- **Künftige Entwicklung:** Mut und Offenheit
- **Ich-Bewusstsein:** Abenteuerlustig
- **Äußere Haltung:** Offen und neugierig
- **Innere Haltung:** Vertrauensvoll
- **Unbekanntes Selbst:** Verborgene Potenziale
- **Denken:** Kreativ und offen
- **Fühlen:** Optimistisch und freudig
- **Angstauslösend:** Unsicherheit und Unbekanntes
- **Partnerschaft:** Offenheit und Vertrauen
- **Liebe:** Abenteuer und Entdeckung

- **Einstellung zur Umwelt:** Offen und neugierig

- **Umwelteinflüsse:** Neue Möglichkeiten und Veränderungen

- **Verträge:** Flexibilität und Offenheit

- **Traum:** Neuanfang und Entdeckung

- **Vergangene Einflüsse:** Erfahrungen von Neuanfängen und Veränderungen

- **Prägungen:** Mut und Abenteuerlust

- **Gesundheit:** Nervensystem und Atemwege

- **Mittel zur Wiedergenesung:** Bachblüte Scleranthus, Löwenzahntee

- **Finanzen:** Flexibilität und kluge Entscheidungen

- **Bejahung:** "Ich begrüße neue Anfänge und vertraue dem Fluss des Lebens."

- **Edelstein:** Amethyst - fördert Klarheit und Schutz auf neuen Wegen.

- **Ätherisches Öl:**
**Einzelmittel:** Mandarine, Zitronenmyrte
**Mischung:** Present Time

- **Mudra:** Ganesha Mudra. Dieses Mudra hilft, Vertrauen und Mut für neue Anfänge zu entwickeln.

- **Anleitung:** Lege die linke Hand vor deine Brust, die Handfläche zeigt nach außen, und greife mit der rechten Hand von außen die gekrümmten Finger der linken Hand. Ziehe die Hände sanft auseinander, während sie miteinander verbunden bleiben.

# Ganesha Mudra: Das Mudra zur Überwindung von Hindernissen

**Bedeutung:**
Benannt nach dem hinduistischen Gott Ganesha, dem "Entferner von Hindernissen"
Symbolisiert Kraft, Durchsetzungsvermögen und die Überwindung von Hindernissen

**Ausführung:**
Die linke Hand auf Brusthöhe halten, die Handfläche zeigt nach außen
Die Finger ineinander haken
Leicht in entgegengesetzte Richtungen ziehen, um Spannung zu erzeugen
Mit beiden Händen abwechselnd üben

**Wirkungen und Vorteile:**
Öffnet das Herzchakra
Fördert Selbstvertrauen, Mut und Akzeptanz
Verbessert die Verdauung und aktiviert das Feuerelement im Körper
Hilft bei der Überwindung von Hindernissen und Prokrastination
Lindert Nacken- und Schulterschmerzen
Reduziert Depressionen und Schlaflosigkeit
Verbessert die Durchblutung und den Blutdruck

# Ganesha Mudra: Das Mudra zur Überwindung von Hindernissen

**Anwendung:**
Ideal für Meditation und Yoga-Übungen
Hilfreich, wenn man etwas Neues beginnen oder Hindernisse überwinden möchte
Kann mit dem Ganesha-Mantra kombiniert werden: "Om Gam Ganapataye Namah"

**Praxistipps:**
Mit 2 Minuten beginnen und schrittweise auf bis zu 20-45 Minuten steigern
Beim Einatmen den Griff verstärken, beim Ausatmen lockern
Visualisierung der Farbe Rot im Herzen kann die Wirkung verstärken

Das Ganesha Mudra ist besonders nützlich, wenn man Kraft und Durchsetzungsvermögen benötigt oder Dinge anpacken möchte, die man bisher aufgeschoben hat.

# Meditation:

- **Ziel:** Diese Meditation zielt darauf ab, Vertrauen in neue Anfänge zu entwickeln, Offenheit für das Unbekannte zu fördern und Mut für den Lebensweg zu gewinnen.

- **Dauer:** 15-30 Minuten

- **Ort:** Wähle einen ruhigen Ort, an dem du nicht gestört wirst.

- **Sitzhaltung:** Setze dich bequem in aufrechter Position auf einen Stuhl oder im Schneidersitz auf den Boden. Halte deinen Rücken gerade und deine Hände auf deinen Oberschenkeln. Wenn du den Stuhl gewählt hast, stelle beide Füße auf den Boden.

- **Ganesha Mudra:** Lege die linke Hand vor deine Brust, die Handfläche zeigt nach außen, und greife mit der rechten Hand von außen die gekrümmten Finger der linken Hand. Ziehe die Hände sanft auseinander, während sie miteinander verbunden bleiben.

- **Einstimmung:**
Schließe deine Augen und atme tief durch die Nase ein, halte kurz den Atem an und atme langsam durch den Mund aus. Wiederhole dies drei Mal.
Spüre, wie sich dein Körper entspannt und dein Geist ruhig wird.

- **Erdung:**
Richte deine Aufmerksamkeit auf die Verbindung deines Körpers mit dem Boden. Spüre die Stabilität und Erdung.
Visualisiere Wurzeln, die aus deinem Körper in die Erde wachsen und dir Halt und Stärke geben.

- **Energieaktivierung:**
Richte deine Aufmerksamkeit auf deine Hände in der Ganesha Mudra-Postition. Spüre die Energie, die von deinen Händen ausgeht.
Visualisiere ein leuchtendes, goldenes Licht, das aus deinen Händen strömt und dich umhüllt.

**Vertrauen und neue Anfänge:**

Stelle dir vor, dass dieses Licht dein Vertrauen und deinen Mut für neue Anfänge aktiviert. Es durchdringt deinen gesamten Körper und erfüllt dich mit Freude und Zuversicht.

Wiederhole innerlich die Affirmation: "Ich begrüße neue Anfänge und vertraue dem Fluss des Lebens."

**Visualisierung:**

Visualisiere dich selbst an einem klaren, sonnigen Tag, bereit für einen neuen Weg voller Möglichkeiten. Sieh, wie du voller Freude und Vertrauen den ersten Schritt machst und dich auf das Abenteuer des Lebens einlässt.

Erlebe die Freude und Erfüllung, die du empfindest, wenn du neue Anfänge begrüßt und dem Fluss des Lebens vertraust.

**Integration:**

Bleibe noch einige Minuten in dieser Visualisierung, während du die Energie und das Licht weiterhin spürst.

Atme tief ein und aus, und beginne langsam, deine Finger und Zehen zu bewegen, um in den gegenwärtigen Moment zurückzukehren.

**Abschluss:**

Senke langsam deine Hände und lege sie entspannt auf deine Oberschenkel.

Öffne langsam deine Augen und nimm dir einen Moment Zeit, um die Freude und Energie in deinem Körper zu spüren.

**Tagebuch:**

Nimm dir nach der Meditation einige Minuten Zeit, um deine Erfahrungen, Eindrücke und jede aufgetauchte Weisheit in ein Tagebuch zu schreiben. Reflektiere über die Visualisierungen und Gefühle, die während der Meditation aufkamen. Notiere dir besonders intuitive Eingebungen oder Botschaften, die dir wichtig erscheinen. Dieses Tagebuch kann dir helfen, deine Offenheit für neue Anfänge und deinen Mut zu vertiefen und einen bewussteren Zugang zu deinen spirituellen Fähigkeiten zu entwickeln.

# CHRONIK DER PERSÖNLICHEN ERLEBNISSE

# ÜBER DIE MATRIX OF FATE METHODE

Die Matrix of Fate ist ein faszinierendes und kraftvolles System zur Selbsterkenntnis und spirituellen Entwicklung, das auf den Prinzipien der Numerologie, des Tarot und der Kabbala basiert. Es bietet tiefe Einblicke in die karmischen Aufgaben, Lebensaufgaben und Potenziale eines jeden Menschen, indem es die Energien und Archetypen, die unser Leben beeinflussen, aufzeigt und erklärt.

Die Matrix selbst ist wie ein einzigartiger energetischer Fingerabdruck, der aus den Schwingungen und Energien entsteht, die zum Zeitpunkt unserer Geburt wirksam waren. Diese Schwingungen werden in der Matrix durch 22 Archetypen dargestellt, die jeweils für bestimmte Lebensbereiche, Herausforderungen und Möglichkeiten stehen.

Die Arbeit mit der Matrix of Fate ermöglicht es dir, ein tieferes Verständnis für dich selbst, deine Lebensumstände und deine Beziehungen zu gewinnen. Sie zeigt dir die verborgenen Muster und Energien, die in deinem Leben wirken, und hilft dir, diese bewusst zu nutzen, um Wachstum und Harmonie zu fördern.

Wenn du dieses Buch wegen der Mudras gekauft hast und noch nicht mit der Matrix of Fate vertraut bist, dann bietet sich dir hier eine wunderbare Gelegenheit, in diese tiefgründige und transformierende Methode einzutauchen.

Die Mudras, die du in diesem Buch findest, sind speziell darauf ausgerichtet, die Energien der 22 Archetypen auszugleichen und in deinem Leben zu harmonisieren. Sie bieten eine praktische Möglichkeit, die Weisheit und die Kraft der Matrix of Fate in deinem Alltag anzuwenden, selbst wenn du bisher keine Vorkenntnisse in diesem Bereich hast.

Indem du dich auf die Mudras einlässt und ihre Wirkung erlebst, kannst du beginnen, die tieferen Schichten deiner Existenz zu erforschen und eine Verbindung zu den universellen Energien herzustellen, die dein Leben formen. Die Matrix of Fate bietet dir den Schlüssel zu einem tieferen Verständnis und zu einem erfüllteren, harmonischeren Leben.

# UNSERE BÜCHER

## Matrix of Destiny: Matrixgrundlagen, Tarot, Karmischer Schwanz, Programme, ätherische Öle, Heldenreise, Chakren

Dieses Buch bietet eine umfassende Einführung in die Welt der Matrix of Destiny. Es deckt die grundlegenden Konzepte ab, einschließlich der Bedeutung von Tarot und des karmischen Schwanzes. Zusätzlich wirst du in die verschiedenen Programme und ätherischen Öle eingeführt, die eine wichtige Rolle in der Matrix spielen. Die Heldenreise und die Arbeit mit den Chakren bieten dir eine tiefere Einsicht in dein spirituelles Wachstum und deine Selbstentfaltung.

# UNSERE BÜCHER

## Matrix of Destiny II: Chakren-Karte, Aufbau der Matrix, 30 Programm-Codes, emotionale Alchemie, Transformative Fragen

In diesem zweiten Band vertiefst du dein Verständnis der Matrix of Destiny. Das Buch konzentriert sich auf den detaillierten Aufbau der Matrix und stellt dir die Chakren-Karte vor, die dir hilft, deine Energiezentren besser zu verstehen. Die 30 Programm-Codes bieten spezifische Anleitungen zur Arbeit mit der Matrix, während die emotionale Alchemie und transformierende Fragen dir helfen, tiefe emotionale Prozesse zu durchlaufen und persönliche Transformation zu erleben.

# UNSERE BÜCHER

## "Malbuch Matrix of Fate - 22 Arkana von Minus zu Plus: Farbenspiel der Seele - Zur Selbstfindung und Entspannung für Kinder und Erwachsene"

Dieses kreative Malbuch lädt dich ein, die 22 Arkana der Matrix of Fate auf eine spielerische und entspannende Weise zu entdecken. Es ist sowohl für Kinder als auch für Erwachsene konzipiert und bietet eine Möglichkeit zur Selbstfindung durch das Ausmalen der Arkana von Minus zu Plus. Das Buch fördert die Auseinandersetzung mit den Archetypen und unterstützt dabei, innere Balance und Harmonie zu finden.

# UNSERE BÜCHER

## Kreatives Malen für die Kleinsten ab 1 Jahr

Entdecke die kreative Welt mit unserem Ausmalbuch für kleine Künstlerseelen! Mit 58 liebevoll gestalteten Ausmalbildern können Kinder spielerisch ihre Fantasie entfalten. Das Buch umfasst Motive wie Tiere, Pflanzen, Fahrzeuge und vieles mehr. Wir empfehlen die Verwendung von Wachsmalblöcken, die nach dem Goethe'schen Farbkreis schöne und satte Farben bieten. Zusätzlich gibt es DIY-Anleitungen für kreative Wachsmalstifte und ein praktisches Aufbewahrungsmäppchen. Als besonderen Bonus können 30 weitere Ausmalbilder kostenlos heruntergeladen werden. Perfekt für einen fantasievollen Start in die Welt der Kunst!

# UNSERE BÜCHER

## Kreatives Abenteuer für junge Künstlerinnen

Willkommen in unserem Malbuch für Mädchen ab 10 Jahren! Hier findest du zauberhafte Illustrationen, die darauf warten, mit deinen Lieblingsfarben zum Leben erweckt zu werden.

Von fantastischen Einhörnern bis hin zu inspirierenden Botschaften – jede Seite lädt dich ein, deine Kreativität auszudrücken. Lass deiner Fantasie freien Lauf und entdecke die Freude am Malen!

Egal, ob allein oder mit Freundinnen, dieses Malbuch ist der perfekte Begleiter für kreative Nachmittage. Viel Spaß beim Ausmalen!

## Kostenloses Freebie: Dein Einstieg in die Welt der Doshas

Erfahre, wie die drei ayurvedischen Doshas – Vata, Pitta und Kapha – dein Wohlbefinden, deine Energie und deine Gesundheit beeinflussen. Mit diesem Freebie erhältst du einen kurzen, aber effektiven Überblick darüber, wie du deine Dosha-Konstitution erkennen und ins Gleichgewicht bringen kannst. Inklusive Tipps zu Ernährung, Lebensstil und täglichen Ritualen, die dir helfen, Körper, Geist und Seele zu harmonisieren.

Hol dir dein kostenloses Freebie und starte noch heute mit deinem individuellen Ayurveda-Balance-Plan!

# Entdecke die Kraft der Natur mit Young Living

Meine Empfehlung für Öle beruht auf jahrelanger Erfahrung mit ätherischen Ölen. Diese Firma bietet alles, was ich mir wünschen kann, weshalb ich sie mit voller Überzeugung empfehle!

Erlebe auch du ätherische Öle in ihrer reinsten Form. Young Livings "Seed to Seal"-Prozess garantiert höchste Qualität von der Saat bis zur Flasche. Jeder Tropfen ist ein Naturwunder, sorgfältig angebaut und präzise destilliert.

Diese Öle sind deine natürlichen Verbündeten für Entspannung, Vitalität und Wohlbefinden. Spüre den Unterschied, den echte Qualität ausmacht. Lass dich von der Kraft dieser Öle inspirieren und transformiere dein Leben auf natürliche Weise.

Starte jetzt deine Reise mit Young Living. Kontaktiere mich für deine persönliche Beratung und entdecke, wie diese außergewöhnlichen Öle dein Leben bereichern können.

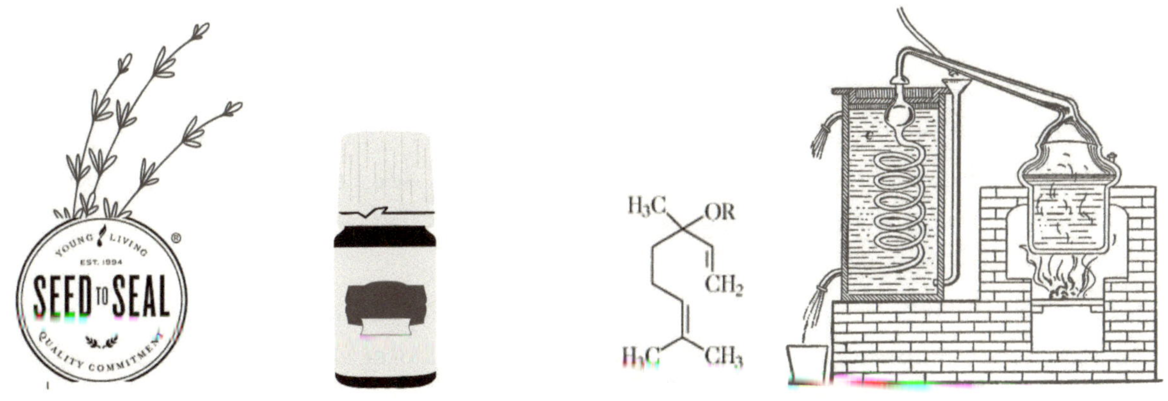

# BEGEGNUNGSSTÄTTE PHÖNIX- VEREIN FÜR ALTERNATIVE LEBENSWEISEN

Liebe Lesende!

Der Begegnungsstätte Phönix Verein für alternativeLebensformen möchte seinen Mitgliedern ein Forum für ein selbstbestimmtes Leben bieten und den natürlichen Umgang mit der Fauna und der Flora, in Verbindung mit alternativen Gesundheitsthemen, Lebensformen und Lebensweisen fördern.

Der Verein unterstützt Menschen, damit sie selbstbestimmt ihr kreatives und schöpferisches Potential entdecken und entfalten können.

Wir bieten Selbstfindungskurse, Retreats, Massagen, Persönlichkeitsentwicklung an, Schulungen zu bestimmten Themen wie Entspannung, gesundheitliche Selbsthilfe usw. Wir führen Buchlesungen durch und sind thematisch breit aufgestellt.

Übernachtungsmöglichkeiten stehen zur Verfügung und bieten einem Zugang zur Natur für die Stärkung des Umwelt- und Gesundheitsbewusstseins, zur Persönlichkeitsentwicklung sowie zu Möglichkeiten der Freizeitgestaltung durch Sport, Spiel, Gespräche und gemeinsame Aktivitäten zur Verfügung.

Der Verein fördert die Aus- und Weiterbildung seiner Mitglieder und von Coaches für ein glückliches und zufriedenes Leben durch außerschulische und außerberufliche Bildung. Die Mitglieder können eigene Angebote für Vorträge, Lehrgänge und Seminare in den Vereinseinrichtungen anbieten.

# Tobias Wolf

Hallo liebe Leser!

Als Kind habe ich gelernt, meiner Intuition zu vertrauen und war öfters der Einzige, der einen bestimmten Standpunkt zu einer Situation vertrat. Nicht weil gegen alle war, sondern ich nur meiner Intuition folgte. Während meines Mechatronik-Studiums (ohne Abschluss) habe ich weitere wichtige Erkenntnisse gewonnen, die mich die Welt neu sehen ließen. Auch die anschließende Selbstausbildung im Trading spielte eine entscheidende Rolle auf meinem Weg der Selbstfindung. Als tragende Säule zum Erfolg sehe ich heute eine umfassende Persönlichkeitsentwicklung.

2017 erkrankte ich an einer schweren Bronchitis mit hohem Fieber, die mich für vier Wochen komplett außer Gefecht setzte, gefolgt von massivem Haarausfall etwa acht Wochen später. Diese Lebensprüfungen und Herausforderungen haben mich dazu gebracht, mein Leben und meine Ziele neu zu denken. Aus Interesse an alternativer Medizin, Meditationen, Kabbala, Präastronautik, der persönlichen Weiterentwicklung und des tiefen Verständnisses für spirituelle Zusammenhänge ziehe ich Erfahrungen, die mir einen umfassenderen Blick auf das Leben und die menschliche Existenz zu gewinnen. Seitdem war ich nicht mehr krank.

Seit einem Jahr bin ich auch als Ausbilder für die Matrix of Fate-Methode tätig. Diese Methode zielt darauf ab, verborgene Muster und Zusammenhänge in der persönlichen Rolle des Menschen zu enthüllen, die das Verständnis für ihr Potenzial grundlegend erweitern können.

Beste Grüße Tobias Wolf

# Tatjana van Eeden

Liebe Seelenreisende!

Mein irdischer Name ist Tatjana van Eeden, und ich freue
 mich sehr, Dir dieses Buch vorstellen zu dürfen. Seit vielen Jahren beschäftige ich mich leidenschaftlich mit Themen der Persönlichkeitsentwicklung, Spiritualität, Alchemie und ganzheitlichen Heilmethoden. Als erfahrener Facilitator und  Autorin möchte ich mein Wissen und meine Erfahrungen mit dir teilen.

Mein persönlicher Weg begann vor fast 40 Jahren Jahren, als ich mich intensiv mit den Geheimnissen des Universums in allen Facetten und Realität auseinandersetzte. In meiner Praxis begleite ich Menschen auf ihrem individuellen Weg der Selbsterkenntnis und unterstütze sie dabei, ihre eigenen Potenziale zu entfalten.

In diesem Buch möchte ich dir nicht nur theoretisches Wissen vermitteln, sondern auch praktische Werkzeuge an die Hand geben, die es dir ermöglichen, dein volles Potenzial zu entfalten und dein Leben bewusst zu gestalten. Meine Methoden basieren auf einer ganzheitlichen Betrachtungsweise, die Körper, Geist und Seele miteinbezieht.

Ich hoffe, dass dieses Buch dir Inspiration, Klarheit und neue Erkenntnisse bringt. Möge es dich auf deinem persönlichen Weg zu mehr Erfüllung und innerem Wachstum dienen.

*Herzlichst, Tatjana van Eeden*